W0086866

Brückner/Przyklenk

Geschäftsideen erfolgreich umsetzen

WRS-Ratgeber

Geschäftsideen erfolgreich umsetzen

Marktnischen erkennen
Chancen nutzen

von

Michael Brückner, Ingelheim
und Andrea Przyklenk, Leonberg

Die Deutsche Bibliothek – CIP-Einheitsaufnahme

Brückner, Michael:
Geschäftsideen erfolgreich umsetzen : Marktnischen erkennen,
Chancen nutzen / von Michael Brückner und Andrea Przyklenk. -
Planegg : WRS-Verl., 1999
  (WRS-Ratgeber)
  ISBN 3-8092-1349-7

ISBN 3-8092-1349-7   Bestell-Nr. 04655

© 1999, WRS Verlag Wirtschaft, Recht und Steuern GmbH & Co., Fachverlag
Postanschrift: Postfach 13 63, 82142 Planegg
Hausanschrift: Fraunhoferstraße 5, 82152 Planegg
Telefon (0 89) 8 95 17-0, Telefax (0 89) 8 95 17-2 50
Lektorat: Assessorin Ingrid Petersen, Sibylle Möhring

Alle Rechte, auch die des auszugsweisen Nachdrucks, der fotomechanischen
Wiedergabe (einschließlich Mikrokopie) sowie der Auswertung durch Datenbanken oder ähnliche Einrichtungen vorbehalten.

Umschlaggestaltung: Agentur Buttgereit & Heidenreich, 45721 Haltern am See
Satz: Design-Typo-Print GmbH, 85737 Ismaning
Druck: J.P. Himmer GmbH, 86167 Augsburg

Inhaltsverzeichnis

„Nie ist das menschliche Gemüt heiterer gestimmt, als wenn es seine richtige Arbeit gefunden hat", wußte schon Wilhelm von Humboldt. So gesehen, könnten viele Bundesbürger schon bald sehr viel heiterer gestimmt sein. Der Grund: Immer mehr Deutsche machen sich selbständig, oder sie beschäftigen sich zumindest mit dem Gedanken, ihr eigener Chef zu werden.

Unabhängigkeit, die Chance, eigene Ideen zu verwirklichen, selbst- statt fremdbestimmt sein Geld zu verdienen und die langfristige Perspektive auf ein höheres Einkommen relativieren die Sicherheit des „festen Arbeitsplatzes", der im übrigen heute in vielen Fällen gar nicht mehr so „fest" ist. Auch für Arbeitslose kann der Sprung in die Selbständigkeit den Beginn eines neuen, befriedigenden Lebensabschnittes darstellen.

Die Gründung einer eigenen beruflichen Existenz birgt Risiken – kein Zweifel. Aber sie eröffnet auch weitreichende Chancen. Vollkasko-Chancen gibt es nicht. Wer die sucht, sollte dieses Buch gleich beiseite legen, denn ihm fehlt die unternehmerische Grundeinstellung.

Nicht jeder ist ein Unternehmertyp. Ja, es ist wohl davon auszugehen, daß Unternehmer-Persönlichkeiten eine sehr kleine Minderheit bilden. Und trotzdem sind es vermutlich Hunderttausende, wenn nicht gar Millionen, die eigentlich das Zeug dazu hätten, ihren „eigenen Laden" aufzubauen. Statt dessen befinden sie sich im Angestelltenverhältnis, verdienen vielleicht gutes Geld, sind aber tief in ihrem Innersten unzufrieden.

Unzufriedenheit, das stellte schon Oscar Wilde fest, ist der erste Schritt zum Erfolg. Und vielleicht führt dieser Schritt ja geradewegs in die Selbständigkeit. Das vorliegende Buch will Ihnen dabei helfen. Wir wollen motivieren, inspirieren und animieren. Was spricht eigentlich für die Selbständigkeit? Wann ist man oder frau ein Unternehmertyp? Wie sollte man Geschäftsideen recherchieren und beurteilen? Was ist bei Franchise-Verträgen zu beachten? Wie kommen Sie an Kunden...? Antworten auf diese und zahlreiche weitere Fragen erhalten Sie auf den nachfolgenden Seiten. Geschrieben wurde dieses Buch aus der Praxis: Beide Autoren machten sich vor Jahren erfolgreich selbständig. Und sie haben es nie bereut. Insofern entstand dieses Buch „aus heiterem Gemüt".

Viel Erfolg!   *Michael Brückner*   *Andrea Przyklenk*

Der Weg zum erfolgreichen Unternehmen

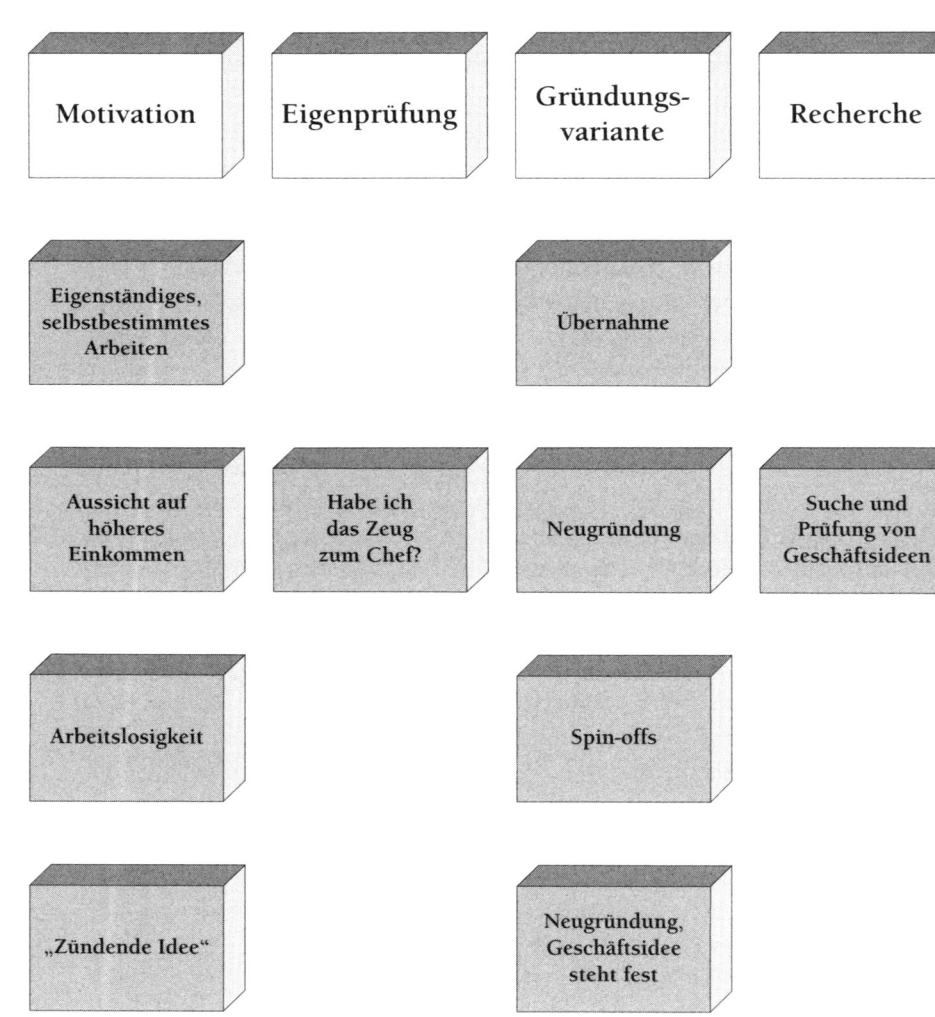

Motivation

Eigenprüfung

Gründungs-variante

Recherche

Eigenständiges, selbstbestimmtes Arbeiten

Übernahme

Aussicht auf höheres Einkommen

Habe ich das Zeug zum Chef?

Neugründung

Suche und Prüfung von Geschäftsideen

Arbeitslosigkeit

Spin-offs

„Zündende Idee"

Neugründung, Geschäftsidee steht fest

Umsetzung und Planung

Gründung

Wahl der
Rechtsform

Finanzierung

Standortwahl

Einstellung von
Mitarbeitern

Umsatzplanung

Einkauf von
Materialien

usw.

Das eigene
Unternehmen

Werbe- +
Marketingplan

Kunden-
orientierung

fortlaufende
Finanzplanung

E
R
F
O
L
G

Was spricht für die Selbständigkeit?

In den letzten Jahren vor dem symbolträchtigen Jahrtausendwechsel vollzieht sich in der Bundesrepublik ein erstaunlicher, lange Zeit für nahezu unmöglich gehaltener Wandel: Bei den Deutschen **wächst die Lust am Abenteuer Wirtschaft**, an dem sie in zunehmendem Maße nicht länger nur als Lohn- oder Gehaltsempfänger und Verbraucher teilnehmen wollen. Viele möchten sich aktiv einschalten, von den Erfolgen der Unternehmen profitieren oder selbst Unternehmer werden. Immer mehr Wirtschaftsmagazine kommen auf den Markt – und finden prompt Käufer. Immer ausführlicher berichten die Fernsehsender über Wirtschaftsthemen – und finden prompt Zuschauer. Die Deutschen, lange Zeit der Sparbuch- und Bauspar-Mentalität bezichtigt, kaufen plötzlich Aktien.

Deutschland wird Gründerland – Existenzgründer auf dem Vormarsch

Und in einem Land, in dem traditionsgemäß der Anstellungsvertrag ein höheres Sozialprestige verhieß als der Gewerbeschein, streben vor allem jüngere Menschen in die Selbständigkeit, obgleich hohe Steuern, behördliche Regulierungswut und bisweilen unflexible Banken nicht gerade ein motivierendes Umfeld zur Existenzgründung schaffen. Deutschland, das mit **einer Selbständigenquote von 10 %** europaweit im hinteren Drittel liegt, nähert sich der 11-%-Marke. Wir sind auf dem besten Weg zum Gründerland.

Wo liegen die Ursachen für diesen in der Tat beeindruckenden Sinneswandel der ansonsten vor allem sicherheitsorientierten Deutschen? Was bringt einen Menschen dazu, sich entschlossen in die Selbständigkeit zu stürzen, Risiken als Preis der Chance zu akzeptieren und auf das nach wie vor dichtgeknüpfte „soziale Netz" weitestgehend zu verzichten? Lassen Sie uns zumindest einige zentrale Aspekte aufgreifen:

• Existenzgründer schaffen Arbeitsplätze

Die Arbeitswelt befindet sich in einem nachgerade epochalen Umbruch: Bis weit in die achtziger Jahre hinein war es gewiß keine Ausnahme, daß ein Arbeitnehmer bis zu seinem Ruhestand in ein und derselben Firma arbeitete. Die dreißig- oder gar vierzigjährige Betriebszugehörigkeit gab allemal Anlaß, die „Treue" des Mitarbeiters oder der Mitarbeiterin gebührend zu feiern. Das dürfte künftig eher die große Ausnahme sein. Die Arbeitnehmer von morgen müssen **öfter wechseln, neue Aufgaben übernehmen, sich ständig fortbilden und den Mut zur Veränderung mitbringen.**
Trotzdem lassen sich die hohen Arbeitslosenzahlen in den meisten Staaten Europas durch mehr Flexibilität auf den Arbeitsmärkten und ein stärkeres Wachstum allein nicht nachhaltig reduzieren. **Was fehlt, sind junge Unternehmer.** Kreative Entrepreneure, die aus Ideen Arbeitsplätze machen. Diese Erkenntnis führte dazu, daß Politiker aller Couleur plötzlich ihr Herz für Existenzgründer entdeckten.

• Selbstverwirklichung in der Selbständigkeit

Selbstverwirklichung und Individualität spielen bei vielen Männern und Frauen eine immer wichtigere Rolle. Früher wurde darüber nur in mehr oder weniger esoterischen Zirkeln diskutiert. Heute geht man die Sache ganz praktisch an: Man wird sein eigener Chef beziehungsweise seine eigene Chefin. Häufig steckt hinter der Entscheidung zur Gründung der eigenen Existenz auch **ein gewaltiges „Frustpotential".**
Eigene Ideen lassen sich in der Regel weder in den bürokratisierten Strukturen von Großkonzernen noch in dem häufig patriarchalischen Klima von mittelständischen Unternehmen durchsetzen. Was bleibt, ist das, was der ehemalige Deutsche-Bank-Chef Hilmar Kopper einmal sehr bildhaft als „Frank-Sinatra-Methode" beschrieben hat: „I do it my way...".

• Großunternehmen specken ab – gute Auftragslage für kleinere Unternehmen

Zurück zum Kerngeschäft lautet die Devise vieler größerer und mittlerer Unternehmen. Die „Alles-unter-einem-Dach"-Philosophie gehört

13

der Vergangenheit an, **Outsourcing heißt das aktuelle Stichwort.**
Der Fuhrpark zum Beispiel muß keineswegs von einem Angestellten
des Unternehmens verwaltet werden. Für ein paar Pressemitteilungen
pro Jahr braucht die Firma nicht unbedingt eine eigene Pressespre-
cherin. Und die Gehaltsabrechnungen lassen sich auch von externen
Dienstleistern schnell und profesionell vornehmen. Hier öffnen sich
zahlreiche Chancen für „**Spin-off**"-**Gründungen**, mit denen wir uns
im fünften Kapitel intensiver beschäftigen werden.

- **Zunehmend Einstiegsmöglichkeiten als Nachfolger im Mittelstand**

Viele mittelständische Unternehmer werden derzeit von Nachfolge-
problemen geplagt. Wer soll die Firma in eine sichere Zukunft führen,
wenn keine Kinder da sind oder diese völlig andere Interessen haben?
Für potentielle Jungunternehmer mit dem nötigen Kapital bietet sich
in diesen Fällen die Möglichkeit von **Management-buy-in-** beziehungsweise **Management-buy-out**-Gründungen.

- **Aus der Not eine Tugend machen – Existenzgründung statt Arbeitslosigkeit**

Vor allem für ältere Arbeitslose erweist sich die Gründung einer eigenen Existenz oftmals als letzte Möglichkeit, sich wieder ins Erwerbs-
leben zu integrieren.

Pluspunkte der Selbständigkeit

Die allgemeine Stimmungslage für Existenzgründer ist also besser
denn je. Doch nehmen wir etwas genauer unter die Lupe, was die **At-
traktivität der Selbständigkeit** ausmacht.

Die Vorteile der Selbständigkeit
(+) Eigenbestimmtes statt fremdbestimmtes Arbeiten
(+) Chance, eigene Ideen umzusetzen
(+) Unabhängigkeit von Chefs
(+) Mehr zeitliche Flexibilität

- (+) Lustbetontes Arbeiten
- (+) Aussicht auf höheres Einkommen
- (+) Bessere steuerliche Gestaltungsmöglichkeiten.

Diese Punkte sollten Sie freilich unterschiedlich gewichten. Die Aussicht auf ein höheres Einkommen und die (bescheidenen) steuerlichen Vorteile, die Sie als Selbständiger gegenüber einem Angestellten haben, dürfen zum Beispiel bei Ihren Überlegungen wirklich nur eine Nebenrolle spielen. Die Gruppe der Selbständigen steht bei Auflistungen über Durchschnittseinkünfte vor allem deshalb so beeindruckend gut da, weil sie besser verdienende Berufsgruppen wie Ärzte, Anwälte, Architekten etc. umschließt. Aber auch ein Taxiunternehmer mit nur einem Fahrzeug gilt als selbständiger Unternehmer.

Ausschlaggebend für die Wahl der Selbständigkeit sollte idealerweise Ihr Wunsch sein, **unabhängig und eigenverantwortlich Ideen durchzusetzen** und Ihren Erfolg auch unmittelbar zu genießen.

Dieser Wunsch indessen muß erst einmal geweckt werden. Tatsächlich denken nur die wenigsten Berufsanfänger daran, später ein eigenes Unternehmen zu gründen. Jeder zweite Hochschulabsolvent strebt nach einer 1997 veröffentlichten Umfrage einen Arbeitsplatz im öffentlichen Dienst an. Von der verbleibenden Hälfte bemühen sich die meisten um einen Job in einem Großunternehmen. **Nur 15 Prozent entscheiden sich in dieser frühen Phase für eine Existenzgründung.** Auch wenn der hohe Anteil jener, die sich nach einem Beamten-Dasein sehnen, überraschen muß, klingt die anfängliche Zurückhaltung der Jungakademiker gegenüber einer Existenzgründung durchaus plausibel. Denn selbst sprühendes Engagement vermag nicht, Branchen- und Berufserfahrung zu ersetzen. Und dieser Faktor ist für den späteren unternehmerischen Erfolg von größter Wichtigkeit.

Motivationen von Existenzgründern unter der Lupe

Oft schlummern die Wünsche nach einer selbständigen Existenz unter der Oberfläche, bis sie so stark werden, daß sie zur Entscheidung für die Existenzgründung führen. Viele versuchen, die erstrebte berufliche Entfaltung zunächst innerhalb des gesicherten Rahmens eines

Angestelltenverhältnisses zu erreichen. Erst wenn das nicht klappt, kommt die Selbständigkeit als positive Alternative ins Spiel.

Ein **wichtiger Grund für die Existenzgründung** ist auch, daß Arbeitslosigkeit droht. Aus der Not wird eine Tugend gemacht. Viele entdecken dabei, daß Sie als Unternehmer wirklich gut zurechtkommen und fragen sich, warum sie diesen Schritt nicht gleich gewagt haben. Aber es kann auch schiefgehen.

> Existenzgründungen nämlich erweisen sich nur dann als attraktiver Ausweg aus einer persönlich als schwierig empfundenen Situation, wenn unternehmerisches Talent, Durchhaltevermögen und Ideen vorhanden sind.

Doch betrachten wir nun anhand von konkreten Beispielen, welche Erfahrungen oder Erlebnisse einen Menschen dazu verleiten, erstmals kühne Pläne der Selbständigkeit zu schmieden. Vor allem **vier Aspekte** spielen in den folgenden Fällen eine Rolle:

1. Frustration im Beruf
2. Monotonie, der unerfüllte Wunsch, Ideen umzusetzen
3. Arbeitslosigkeit (oder auch nur drohender Job-Verlust)
4. Unternehmerischer Tatendrang.

Vielleicht erkennen Sie sich ja in dem einen oder anderen wieder.

Der Fall Susanne A: Die Frustrierte

Gerade mal Anfang dreißig, hatte Susanne A. schon sehr viel erreicht. Seit sechs Jahren arbeitete sie in einem bekannten mittelständischen Unternehmen im Rhein-Main-Gebiet. Sie genoß das Vertrauen ihrer Chefs und war mittlerweile zur Marketingleiterin mit gutem Einkommen und engagierten Mitarbeitern aufgestiegen. Sie gehörte zu jenen, die sich am Sonntag abend bereits auf die neue Arbeitswoche freuten, und den Vorwurf ihrer Freunde, ein Workaholic zu sein, nahm sie gelassen hin.

Doch dann – ganz plötzlich – kam der tiefe Sturz. Das Unternehmen ihres Arbeitgebers wurde an einen amerikanischen Großkonzern verkauft – und die Stelle von Susanne A. aufgelöst. Wenige Wochen später bezog die Marketingexpertin Arbeitslosengeld. Die anfängliche Zuversicht, aufgrund ihrer Erfahrungen, ihres noch recht „günstigen" Alters und ihrer räumlichen Flexibilität sehr schnell wieder einen Arbeitsplatz zu finden, wich nach der dreißigsten bedauernden Absage allmählich der Verzweiflung.

Ihre Zähigkeit zahlte sich für Susanne A. schließlich aus: Nach einem halben Jahr Arbeitslosigkeit wurde sie fündig, wenn auch 250 Kilometer von ihrer Heimat entfernt. Daß sie in ihrem neuen Job in einem Großunternehmen nicht so frei schalten und walten konnte wie in ihrer früheren Position, darüber war sich Susanne A. im klaren. Hauptsache jedoch, sie hatte wieder einen festen und ähnlich gut bezahlten Arbeitsplatz.

Der vermeintliche Glücksfall erwies sich schon nach einigen Wochen als Alptraum. Unversehens wurde Susanne A. klar, weshalb ihre Vorgängerin noch innerhalb der Probezeit das Handtuch geworfen hatte: Unfähige Vorgesetzte, die ihre Mitarbeiter traktierten, ein Zauderer als Geschäftsführer und Kollegen, die sich nur auf Intrigen und Mobbing verstanden. Susanne A. dachte bereits nach zwei Monaten an Kündigung. Doch sie kündigte nur „innerlich", denn natürlich war ihr noch in bester Erinnerung, wie schwer es gewesen war, diesen Job zu bekommen. Nach dem Motto „Augen zu und durch" machte die Marketingexpertin weiter, hangelte sich förmlich von Wochenende zu Wochenende, sehnte nach einem halben Jahr ihre Urlaubstage herbei. Zum ersten Mal spürte Susanne A., was es heißt, Arbeit als Qual zu empfinden. Die Hoffnung, die Situation an ihrem neuen Arbeitsplatz könnte sich nach der schwierigen Phase der Eingewöhnung bessern, erwies sich als ebenso trügerisch wie die Aussicht, kurzfristig eine berufliche Alternative zu finden.

Während eines Kurzurlaubs in der Schweiz faßte Susanne A. dann einen Entschluß, der ihr Leben total verändern sollte – und zwar zum Positiven: Sie entschied sich für die Selbständigkeit, nahm Kontakt zu ehemaligen Geschäftspartnern auf, akquirierte vorerst noch nebenberuflich mehrere Kunden, gründete ihre eigene Agentur und konnte wenig später ihren beruflichen Alptraum beenden. Heute – drei Jahre später – ist Susanne A. dank ihrer Spezialisierung eine gefragte Werbeberaterin, beschäftigt zwei Mitarbeiterinnen, verdient mehr denn je und fragt sich, weshalb sie nicht viel früher auf die Idee gekommen ist, sich selbst zur Chefin zu ernennen.

Der Fall Albert B.: Der ausgebremste Kreative

Der EDV-Experte Albert B. hatte an seinem Arbeitsplatz einen Feind, der immer mächtiger wurde: die nervende und jede Kreativität tötende Monotonie. Alles war ihm seit Jahren bekannt, vertraut, der Tagesablauf Routine. Natürlich wußte er ganz genau, wie sich die computergesteuerten Abläufe im Betrieb optimieren ließen, und selbstverständlich hatte er in der Vergangenheit häufig mit seinen Vorgesetzten gesprochen und ihnen seine Pläne dargelegt. Die Reaktion war höflich kaschiertes Desinteresse. Überlegenswert seien die Vorstellungen sicher und auch das Engagement des Mitarbeiters durchaus lobenswert. Aber das bestehende Verfahren habe sich doch in all den Jahren bestens bewährt. Und außerdem: Wenn es etwas zu verändern gäbe, dann würde die Geschäftsleitung schon rechtzeitig die notwendigen Weichen stellen.

Albert B. fühlte sich krass unterfordert. Niemand schien sich für sein Know how zu interessieren – ja, es wurde von einigen offenkundig sogar als Bedrohung empfunden. „Ich fühle mich wie ein Millionär, der täglich nicht mehr als eine Mark ausgeben darf", klagte er einmal im Freundeskreis. „Mit Deinem Fachwissen und Deinen Kontakten kannst Du Dich in der Branche doch ohne Probleme selbständig machen...", animierte ihn schließlich ein ehemaliger Kollege. Zunächst stand Albert B. diesem Gedanken mehr als skeptisch gegenüber. Was passiert, wenn die Sache scheitert? Wovon sollen seine Frau und er dann leben? Und in ein festes Beschäftigungsverhältnis zurückzukehren, dürfte sich angesichts der schwierigen Lage am Arbeitsmarkt als ausgesprochen schwierig erweisen.

Doch dann versuchte der Software-Experte, die Risiken realistisch zu analysieren: Ja, er hatte im Laufe der Zeit einige Rücklagen gebildet, mit denen er sich im schlimmsten Fall etwa ein Jahr über Wasser halten könnte. Ja, seine Frau verdiente als Lehrerin ebenfalls nicht schlecht, außerdem stand sie voll hinter seinen Plänen von der beruflichen Selbständigkeit. Und waren die ersten Gespräche, die er mit potentiellen Kunden geführt hatte, nicht ausgesprochen positiv verlaufen...? Außerdem war er gerade mal 35 Jahre alt. Er traute sich also durchaus zu, im Falle des Scheiterns auch in zwei, drei Jahren wieder eine Festanstellung zu finden. Je länger Albert B. über seine Pläne nachdachte, desto stärker wuchs in ihm die Erkenntnis: Das größte Risiko besteht darin, keines eingehen zu wollen. Er gründete einen EDV-Service für kleine und mittelständische Firmen, sucht seither für seine Kunden nach kreativen und kostengünstigen Lösungen – und verdient als glücklicher Selbständiger mehr denn je.

Der Fall Gerhard G. und Luigi V.: Von Arbeitslosen zu Unternehmern

Der eine ein cleverer Kaufmann, leitender Mitarbeiter in einer Gießener Polstermöbelfabrik. Der andere ein kreativer Polsterer und Facharbeiter in der Musterabteilung desselben Unternehmens. Anfang der achtziger Jahre jedoch wurde die Karriere der beiden jäh unterbrochen: Ihr Arbeitgeber geriet unversehens in wirtschaftliche Schwierigkeiten. Für Gerhard G. und Luigi V. eine schlimme Situation. Im weiten Umkreis gab es kein Unternehmen der gleichen Branche. So blieben am Ende nur drei Möglichkeiten: Entweder sich woanders – möglicherweise sogar im europäischen Ausland – niederzulassen, wo noch Fabriken dieser Branche existierten, oder aber in einem anderen Beruf ganz von vorn anzufangen. Die dritte Möglichkeit schließlich erschien als die riskanteste – der gewagte Sprung in die Selbständigkeit.

Ein guter Kunde der zwischenzeitlich in Konkurs geratenen Polstermöbelfabrik leistete die wohl wichtigste Entscheidungshilfe: „Warum", fragte er Gerhard G. und Luigi V., die er aus langjähriger Zusammenarbeit kannte und schätzte, „warum macht ihr Euch eigentlich nicht selbständig...? Dann bin ich Euer erster Kunde". Das überzeugte schließlich auch die beiden Arbeitslosen. Voller unternehmerischem Tatendrang suchten sie eine finanzierende Bank.

Die ersten Erfahrungen waren enttäuschend – „geradezu niederschmetternd", wie sich Gerhard G. heute erinnert. Am Ende freilich fanden die beiden Existenzgründer doch noch einen aufgeschlossenen Bankvorstand, der das Vorhaben finanzierte. Begonnen hat dann alles sehr bescheiden. Als Produktionsstätte wurden Kellerräume im Privathaus von Luigi V. zweckentfremdet. Gerhard G. wiederum kaufte Material ein und lieferte die fertigen Polstermöbel selbst aus. Schon drei Monate nach der Unternehmensgründung reichte der Keller des kreativen italienischen Polsterers nicht mehr aus. Räume wurden angemietet – insgesamt 600 Quadratmeter. Die Produktion boomte, die Gründer freuten sich.

Einige Jahre später bezog die expandierende Firma dann ein nagelneues und verkehrsgünstig an der Autobahn Frankfurt-Hamburg gelegenes Gebäude. Von den räumlichen Kapazitätsgrenzen befreit, wuchs das Unternehmen weiter. Heute erwirtschaften die ehemaligen Arbeitslosen einen Jahresumsatz von etwa 16 Millionen Mark und beschäftigen über 50 Mitarbeiter.

Wolfgang G.: Der Unternehmertyp

Wer ihn näher kannte, wußte es eigentlich schon immer: Wolfgang G. hatte den falschen Beruf ergriffen. Tag für Tag saß er in seinem kleinen Büro und bearbeitete Akten – weitgehend isoliert von der Außenwelt. Seine Kollegen sah er meist nur flüchtig auf dem Korridor, die einzige Verbindung nach draußen war das Telefon. Er gehörte zu den Arbeitern im Hintergrund, die kaum einer kennt, weil eben alles seit Jahren reibungslos funktioniert. Doch vom Typ her ist Wolfgang G. eher extravertiert. Er hat gern mit Menschen zu tun, ist risikofreudig, und es bereitet ihm Spaß, samstags einem befreundeten Autohändler beim Verkauf zu helfen.

Selbst etwas aufzubauen, Kontakt mit Kunden zu haben, sein eigener Herr zu sein – das war der sehnlichste Wunsch von Wolfgang G. Um 16 Uhr Feierabend, sechs Wochen Urlaub im Jahr und dreizehntes Monatsgehalt...? Darauf wollte G. gern verzichten. Was ihm fehlte, war jedoch eine zündende Geschäftsidee, und auch sein Eigenkapital hielt sich in Grenzen.

Da las er in einem Fachmagazin einen interessanten Beitrag zum Thema Franchising, also der Möglichkeit, sich innerhalb einer Franchising-Kette mit einer bereits vielfach erprobten Geschäftsidee selbständig zu machen. Der Franchise-Geber – immerhin einer der größten in

Deutschland – war ihm bekannt. Er nahm mit ihm Kontakt auf, begeisterte sich für die Idee und ließ sich auf eine Warteliste setzen, weil im Augenblick in seiner nächsten Umgebung kein unmittelbarer Bedarf an neuen Franchise-Nehmern bestand. Das jedoch änderte sich bereits nach wenigen Monaten. Heute beliefert Wolfgang G. als selbständiger Unternehmer zufriedene Kunden in seiner Region mit hochwertigen Tiefkühlmenüs.

Belassen wir es bei diesen Beispielen. Sie sollten Ihnen einen kleinen Einblick geben, in welchen Situationen sich Menschen mit dem Gedanken an eine selbständige berufliche Existenz beschäftigen.

Setzen Sie sich keine eigenen Denkverbote. Wenn Sie sich selbständig machen wollen – herzlichen Glückwunsch. Doch gehen Sie unbedingt systematisch vor. Der erste Schritt besteht darin festzustellen, ob Sie ein „Unternehmertyp" sind. Das nachfolgende Kapitel beantwortet Ihnen diese Frage.

Auf einen Blick

- In Deutschland hat der Gründerboom gerade erst begonnen. Das Umfeld stellt sich günstiger denn je dar.
- Auch für Arbeitslose kann der Sprung in die Selbständigkeit ein erwägenswerter Ausweg sein, zumal Förderungsmöglichkeiten bestehen (Ansprechpartner ist das Arbeitsamt).
- Das eigene Unternehmen bietet Ihnen die Chance, wirklich Ihre Ideen und Konzepte durchzusetzen.
- Eine Existenzgründung bedeutet, fortan selbst- statt fremdbestimmt zu arbeiten.
- In vielen Fällen motiviert die Unzufriedenheit im Beruf die Menschen dazu, eine selbständige Existenz in Erwägung zu ziehen.

Der Existenzgründer auf dem Prüfstand

Es gibt eine Menge Gründe, die für die berufliche Selbständigkeit sprechen. Einige haben wir Ihnen im vorangegangenen Kapitel vorgestellt. Aber wäre der Sprung in die Selbständigkeit nur von einer tollen Idee und dem nötigen Kapital zu deren Verwirklichung abhängig, müßten diesen Sprung viel mehr Leute wagen und Erfolg damit haben. Tatsächlich aber steht und fällt der Erfolg der Existenzgründung **mit dem Unternehmer** – also Ihnen und Ihren unternehmerischen Fähigkeiten.

Tip

Der Unternehmertyp

Es mag sein, daß Sie nicht in allen Bereichen die „typischen Eigenschaften" eines Unternehmers aufweisen. Das ist auch gar nicht erforderlich. Es reicht durchaus, wenn die Grundlagen stimmen.

Bereits im Vorfeld sollten Sie sich deshalb gründlich damit beschäftigen, was es heißt, sein eigener Chef zu sein. Dabei ist der saloppe Spruch: „Selbständig sein heißt ständig alles selbst tun" zumindest für die Aufbauphase nicht weit von der Realität entfernt.

Bevor Sie also an die Verwirklichung Ihrer Geschäftsidee gehen, sollten Sie prüfen, ob Sie grundsätzlich ein **Unternehmertyp** sind. Mit unserem Test finden Sie heraus, wo Sie persönlich stehen.

Test 1: Bin ich ein Unternehmertyp?

Kreuzen Sie jeweils die auf Sie zutreffende Antwort an. Zählen Sie am Schluß zusammen, wie oft Sie mit A, B oder C geantwortet haben.

	stimmt	stimmt nur bedingt	stimmt gar nicht
Ich befasse mich gern mit neuen Ideen und Dingen.	B	A	C
Ich interessiere mich für Menschen.	B	A	C

	stimmt	stimmt nur bedingt	stimmt gar nicht
Meine Familie und meine Freunde sind mir am wichtigsten.	C	A	B
Ich treffe schnelle Entscheidungen.	A	B	C
Meine Entscheidungen treffe ich nach reiflicher Überlegung.	B	A	C
Bevor ich mich entscheide, berate ich mich gerne mit anderen.	B	A	C
Meine Freunde kommen oft mit ihren Problemen zu mir.	B	A	C
Am besten arbeite ich in einer vertrauten Umgebung.	C	A	B
Ich brauche immer einen gewissen Druck, bevor ich Dinge erledige.	B	C	A
Streß macht mir nichts aus.	A	B	C
Mißerfolge und unangenehme Dinge beachte ich nicht.	C	B	A
Ich bin stolz auf meine Kreativität.	B	A	C
Ich befasse mich gerne mit Details. Knifflige Aufgaben sind meine Spezialität.	C	A	B
Ich arbeite gerne und viel.	B	A	C
Erholung oder Urlaub brauche ich nicht.	A	B	C
Ich hatte in meinem Leben immer Glück.	A	B	C
Miesmacher haben bei mir keine Chance.	B	A	C
Der wichtigste Erfolgsgarant ist ein gutes Produkt.	C	B	A
Der Erfolg eines Unternehmens hängt von seinen Mitarbeitern ab.	B	A	C
Werbung ist das halbe Leben.	A	B	C

23

Typ A – Der Entwicklungsfähige

Haben Sie überwiegend mit A geantwortet, sind Sie zwar kein Unternehmer par excellence, aber Sie haben **gute Chancen**, sich zu beweisen. Sie sollten Ihr Projekt auf jeden Fall weiterverfolgen.

Pluspunkte für Sie:
- Aufgeschlossenheit
- Genauigkeit auch in Details
- Positives Denken

Negativpunkte für Sie:
- wenig soziale Kompetenz
- mitunter etwas Unüberlegtheit
- ein bißchen Selbstüberschätzung

Ihre Aufgeschlossenheit gegenüber Neuem und Ihre Kreativität werden etwas gebremst durch Ihren **Drang nach Sicherheit**. Obwohl Ihre Antworten zeigen, daß Sie bei anderen Menschen geschätzt sind, und Sie auch erkennen, daß Ihnen andere bei der Durchsetzung Ihrer Ziele helfen können, neigen Sie dazu, mitunter etwas übereilte und einsame Entscheidungen zu treffen. Außerdem verstehen Sie sich als Einzelkämpfer, der sich selbst früher oder später zuviel zumuten wird. Ihr Ehrgeiz steht wirklicher sozialer Kompetenz im geschäftlichen Bereich im Weg.

> Ein Unternehmen zu führen erfordert nicht nur Entschlossenheit und ein gutes Produkt, sondern auch die Fähigkeit, Verantwortung abzugeben und auf andere Menschen einzugehen, sowohl auf Mitarbeiter als auch auf Kunden. Lernen Sie, tatsächlich auf das zu hören, was Ihnen andere sagen und es abzuwägen. Small Talk und „gut Freund mit jedem" reicht nicht aus.

Typ B – Der Kreative

Wenn Sie die meisten Fragen mit B beantwortet haben, taugen Sie auf jeden Fall zum Unternehmer, auch wenn Sie noch an sich arbeiten sollten.

Pluspunkte für Sie:
- Aufgeschlossenheit
- Kommunikationsfähigkeit
- Flexibilität
- Entschlußkraft
- Kreativität

Negativpunkte für Sie:
- Abneigung gegen Details und Routine
- Mangelnde Selbstdisziplin

Sie gehen die Selbständigkeit **mit der richtigen Grundhaltung** an. Sie wissen, daß Ihnen andere keine Entscheidung abnehmen, aber sie mitunter erleichtern können. Sie bauen auf andere, um selbst den Kopf für die „wirklich wichtigen Dinge" frei zu haben. Manchmal geraten Sie allerdings in Versuchung, sich auf diese Art und Weise unangenehmer Dinge und Routine zu entziehen. Doch bedenken Sie: Der Chef sollte immer wissen, was vorgeht.

> Selbständigkeit bedeutet nicht nur Kreativität und Freude pur. Sie werden sich von Anfang an mit lästigen Details und Routinearbeit herumschlagen müssen. Das fängt bei der Suche nach Fördermitteln an und endet mit der Marktanalyse längst nicht. Arbeiten Sie an Ihrer Disziplin.

Typ C – Der Tüftler und Eigenbrötler

Sollten Sie überwiegend mit C geantwortet haben, ist Ihr Erfolg als Unternehmer fraglich und es ist vermutlich besser, wenn Sie weiterhin im Angestelltenverhältnis bleiben.

Pluspunkte für Sie:
- Genauigkeit und Liebe zum Detail
- Zuverlässigkeit

Negativpunkte für Sie:
- eng begrenzte Kommunikationsfähigkeit
- wenig Kreativität

– wenig Entschlußkraft
– zu großes Sicherheitsdenken

Sie sind ein Gewinn für jedes Unternehmen, das einen zuverlässigen Mitarbeiter braucht, der auch unangenehme und knifflige Aufgaben löst oder Routinearbeit erledigt. Sie zeigen Beharrlichkeit und klare Loyalitäten. Ein Arbeitgeber, der Sie entsprechend Ihren Möglichkeiten einsetzen kann, wird immer mit Ihnen zufrieden sein. Zum Unternehmer **fehlt** Ihnen jedoch der Schuß Risikobereitschaft und Abenteuerlust.

> Nicht jeder eignet sich zum Unternehmer. Sie sind ein Tüftler auf Ihrem Gebiet, fachlich ohne Fehl und Tadel. Wenn Sie eine gute Idee für ein Produkt haben, das in das Sortiment Ihres Arbeitgebers paßt, versuchen Sie, es ihm zu verkaufen. Falls das nicht geht, schauen Sie sich nach einem Partner um. In vielen Partnerschaften ist einer der kreative oder wirtschaftliche Kopf, der andere der technische. Versuchen Sie sich nicht alleine als Unternehmer. Es ist zum Scheitern verurteilt.

Test 2: Schwierige Situationen – denke ich unternehmerisch?

Damit Sie sich ein genaueres Bild von den Situationen machen können, in denen Ihr unternehmerisches Fingerspitzengefühl gefordert ist, ein Test aus der Praxis.
Wie würden Sie entscheiden? Sind die Entscheidungen unserer fiktiven Unternehmer richtig oder falsch?

Beispiel 1
Herr Maier hat einen Laden für Mobiltelefone aufgemacht. Er hat wirklich gute Angebote und Sachkenntnis sowie einen guten Standort. Der Laden floriert, Herr Maier stellt fünf Verkäufer ein. Herr Maier räumt seinen Freunden aus Studienzeiten Rabatt ein. Er bittet sie, jeweils seinen Verkäufern mitzuteilen, daß sie Studienkollegen seien und Rabatt bekämen. Seinen Verkäufern gibt er die Anweisung, Studienkollegen 20 Prozent Rabatt einzuräumen.
○ Richtig   ○ Falsch

Beispiel 2

Herr Müller hat eine Werbeagentur gegründet. Die Erfolgschancen stehen gut, denn Herr Müller hat über zehn Jahre lang in einer Agentur gearbeitet und konnte auch zwei Kunden mitnehmen. Als es um die Einrichtung der Agentur geht, empfiehlt der Bankberater, kleine Brötchen zu backen. Herr Müller besteht jedoch auf einer teuren Büroausstattung, weil es im Büro auch Kundenverkehr gebe.

○ Richtig   ○ Falsch

Beispiel 3

Herr Wenig kennt sich mit Kostenrechnung, Buchhaltung etc. nicht sehr gut aus. Deshalb beißt er in den sauren Apfel und läßt die Buchhaltung extern erledigen und sich bei der Kostenrechnung von einem Steuerberater helfen. Seine Frau findet diese Ausgabe unnötig und schlägt vor, Herr Wenig solle einen Kurs besuchen und das dann selbst erledigen. Herr Wenig lehnt mit dem Hinweis auf seine knapp bemessene Zeit ab.

○ Richtig   ○ Falsch

Beispiel 4

Herr Klein und Herr Groß haben eine Maschinenbaufirma gegründet. Herr Groß hat den Vertrieb übernommen, Herr Klein ist für die Technik zuständig. Herr Klein ärgert sich über Herrn Groß, weil dieser Maschinen mit hohen Rabatten und Sonderausstattungen verkauft, so daß am Schluß nicht viel Gewinn übrig bleibt. Außerdem sind die Liefertermine nicht einzuhalten. Herr Groß hält dagegen, daß es ja zunächst darum gehe, Kunden zu gewinnen. Später könne man weitersehen und vielleicht einiges anders machen.

○ Richtig   ○ Falsch

Beispiel 5

Herr Doppelt hat vor zwei Jahren einen Betrieb gegründet. Sein erster Mitarbeiter, Herr Mann, wurde in der ersten schweren Zeit so etwas wie sein Vertrauter. Mittlerweile hat Herr Doppelt schon fünf Angestellte, die teilweise besser qualifiziert sind als Herr Mann. Herr Mann hält nicht viel von den „Jungen". Diese wiederum fühlen sich von Herrn Mann ausgebremst, trauen sich aber nichts zu sagen, weil Herr

Mann schließlich „der Intimus vom Chef" ist. Herr Doppelt überlegt, ob er

- ○ 1. für Herrn Mann eine Stelle schaffen soll, an der er schalten und walten kann, wie es ihm paßt.
- ○ 2. Herrn Mann zum Vorgesetzten machen soll, damit ein für alle Mal die Verhältnisse geregelt sind.
- ○ 3. die neuen Mitarbeiter bitten soll, auf Herrn Mann Rücksicht zu nehmen.
- ○ 4. mit Herrn Mann sprechen und ihn bitten soll, sein Verhalten zu ändern.

Entscheiden Sie! Was ist richtig?

So haben wir entschieden

Beispiel 1 Herr Maier hat es **falsch** angepackt	Herr Maier öffnet mit seiner Entscheidung und besonders mit dem Verfahren, für das er sich entschieden hat, dem Mißbrauch und der Unzufriedenheit seiner Kunden Tür und Tor. Zum einen kann jeder Kunde mitbekommen, was er sagen muß, damit er einen Rabatt erhält, zum anderen erleben die Kunden hautnah mit, wie andere Kunden bevorzugt werden. Und – wie ein Verkäufer sagt: „Sie glauben gar nicht, wie viele Studienkollegen unser Chef hat." Dem normalen Kunden vermittelt sich ein sehr schlechter Eindruck.
Beispiel 2 Herr Müller hat die **falsche** Entscheidung getroffen	Herr Müller mag zwar mit seinem Argument recht haben, aber als Existenzgründer sollte er finanziell auf jeden Fall kleine Brötchen backen. Es gibt auch billige Büroausstattungen, die gut aussehen. Außerdem: Einige Kunden werden die teure Ausstattung bei einem Neueinsteiger auch übertrieben finden.
Beispiel 3 Herr Wenig hat **richtig** entschieden	Die externe Leistung und Beratung kostet zwar Geld, das er einsparen könnte, aber der Zeitaufwand dafür wäre sehr hoch. Herr Wenig ist besser beraten, wenn er seine Zeit in die Dinge steckt, von denen er etwas versteht und Dinge, die ihm sowieso schwerfallen, ande-

	ren überläßt. Außerdem ist der Finanzbereich gerade bei jungen Unternehmen ein sehr sensibler Bereich, der funktionieren sollte.
Beispiel 4 Herr Groß liegt **falsch**	Herr Groß hat sozusagen zwei Todsünden begangen. 1. Er hat Dumpingpreise angeboten, die er später weder unter- geschweige denn überschreiten kann. Wenn das unter den Kunden die Runde macht, werden die Dumpingpreise ganz schnell zu den „echten". 2. Er sagt Liefertermine zu, von denen er genau weiß, daß sie nicht oder nur mit Qualitätsverlusten einzuhalten sind. Schlicht gesagt: Er belügt die Kunden. Die Kunden werden zu recht verärgert sein, wenn sie nicht rechtzeitig beliefert werden. Ein verärgerter Kunde ist höchstwahrscheinlich ein verlorener Kunde. Ein verärgerter Kunde ist eine schlechte Werbung.
Beispiel 5 Richtig wäre die Möglichkeit 4.)	Einen Arbeitsplatz nach Maß gibt es nicht, schon gar nicht in einem jungen Unternehmen. Herrn Mann zum Chef zu machen, regelt zwar die Hierarchie, dabei würde aber vermutlich die Kreativität der Mitarbeiter auf der Strecke bleiben. Außerdem würde sich vermutlich ein Akzeptanzproblem ergeben. Mit den Mitarbeitern über Herrn Mann zu reden, würde letztlich nur dazu führen, daß Herr Mann einen Gesichts- und Kompetenzverlust erleidet, der eine Zusammenarbeit weiter komplizieren würde. Herr Doppelt sollte direkt mit Herrn Mann sprechen. Falls das nichts nützt, muß er sich langfristig von ihm trennen.

Fazit:
Das waren nur fünf relativ banale Entscheidungen, die von einem Unternehmer verlangt werden, trotzdem fordern Sie Eigenschaften, die normalerweise niemand mit Ihnen trainiert.

• Integrität
• Finanzielle Klarheit und die Fähigkeit Prioritäten zu setzen
• Selbsteinschätzung und die Fähigkeit zu delegieren

• Ehrlichkeit/Glaubwürdigkeit
• Soziale Kompetenz, Fähigkeit zur Menschenführung

Neues Unternehmerbild

Vorab: Den idealen Unternehmer kann es nicht geben. Die meisten Menschen sind Mischformen der von uns im Testergebnis beschriebenen Typen. Dazulernen muß jeder. Es ist wichtig, daß Sie sich klarmachen, welche Eigenschaften ein Unternehmer braucht und auch einiges über moderne Unternehmensführung wissen. Denn in den letzten Jahren hat sich das **Bild des Managers** – und nichts anderes ist ein Unternehmer – **stark gewandelt.**

Tip

Die drei „M"

Management, Marketing und Mitarbeiterführung sind für den Unternehmer immens wichtig.

Selbstherrliche Herrscher und strenge Hierarchien sind nicht mehr gefragt. Im Gegenteil: **Teamfähigkeit** wird heute von Managern ebenso erwartet wie von Mitarbeitern. Einer der Hauptgründe hierfür ist der starke Trend hin zur Dienstleistungsgesellschaft.

Der Anteil der Produktionsbetriebe nimmt gegenüber den Dienstleistungsbetrieben ab. Und Dienstleistung hat viel mit **Service** und **Kundenorientierung** zu tun. Dafür werden Manager gebraucht, die kommunikationsfähig sind, Mitarbeiter und Kunden motivieren können und ihrem Unternehmen ständig neue kreative Impulse zur Verbesserung ihrer Produkte und Leistungen geben können. Das fällt besonders denen schwer, die ein gutes technisches Produkt haben, aber sonst nicht viel Ahnung von Management, Marketing und Mitarbeiterführung.

Durch ständigen Konkurrenzkampf und die Globalisierung der Märkte sind Manager gefordert, die den Standpunkt ihres Unternehmens im Markt, in der Branche, international sowie die Qualität ihrer Produkte ständig hinterfragen.

Qualitäten des modernen Unternehmers

Prüfen Sie, ob Sie mithalten können. Beurteilen Sie Ihre Fähigkeiten, indem Sie sich selbst Noten geben. Wie in der Schule ist die Eins die beste Note, die Sechs die schlechteste.

Checkliste: Unternehmerprofil

1	2	3	4	5	6	Fachliche Kompetenz
1	2	3	4	5	6	Soziale Kompetenz
1	2	3	4	5	6	Positives Denken
1	2	3	4	5	6	Mut zum Risiko
1	2	3	4	5	6	Eigenständigkeit
1	2	3	4	5	6	Integrität
1	2	3	4	5	6	Disziplin
1	2	3	4	5	6	Kreativität
1	2	3	4	5	6	Teamfähigkeit
1	2	3	4	5	6	Belastbarkeit/Gesundheit

Denken Sie darüber nach, welche dieser Eigenschaften sich am leichtesten ersetzen läßt.

Unsere Antwort: **Die fachliche Kompetenz.**
Erstaunt?
Fachleute und Wissen kann man sich notfalls kaufen. Aber die Eigenschaften, die ansonsten zum Erfolg als Selbständiger nötig sind, sollte man selbst haben.

Branchenkenntnisse

sind für den Existenzgründer eine sehr wertvolle Einstiegshilfe. **Tip**

Aber: Verwechseln Sie Fachkenntnisse nicht mit Branchenkenntnissen. Branchenkenntnisse stellen für einen Existenzgründer eine sehr wichtige Einstiegshilfe dar. Je besser er sich in einer Branche auskennt, desto größer sind die Chancen, erfolgreich zu sein. Wenn ein Marketingmann in der ihm bekannten Branche eine eigene Firma gründet, muß er jedoch nicht über jedes technische Detail seines Produktes Bescheid wissen. Viel wichtiger ist es, Kunden, Lieferanten und Marktgepflogenheiten zu kennen und einzuschätzen. Ideal ist oft die Kombination eines Marketing- oder Finanzfachmanns mit einem Techniker.

Im folgenden möchten wir für Sie illustrieren, weshalb bestimmte unternehmerische Qualitäten so wichtig für den Existenzgründer sind, denn in der Praxis entscheiden oftmals diese Eigenschaften über Erfolg und Mißerfolg und nicht die Idee.

Qualität 1: Soziale Kompetenz

Wird benötigt für:	Fehlt die Qualität:
Den Umgang mit Kunden	Unzufriedene Kunden
Die Mitarbeitermotivation	Unzufriedene Mitarbeiter Mangelnde Kreativität Weniger Einsatz
Die Werbung	Geht am Kunden vorbei Trifft den Zeitgeist nicht
Die Produktsuche und -gestaltung	Geht am Bedarf vorbei Geht an den Bedürfnissen des Kunden vorbei Trifft den Geschmack des Kunden nicht

Soziale Kompetenz ist heutzutage nahezu die wichtigste Eigenschaft, die ein Unternehmer haben muß. Ein Mensch, der keine soziale Kompetenz besitzt ist nicht einmal in der Lage, eine unternehmerisch zündende Idee zu entwickeln. Es gibt bei uns nahezu alles zu kaufen. Jemand, der eine neue Geschäftsidee entwickelt, muß also herausfinden, welche Bedürfnisse seine Mitmenschen haben, die noch nicht erfüllt sind. Das kann er nur, wenn er sein Ohr sozusagen ständig am Puls der Zeit hat, also Kontakt zu anderen Menschen hat. Ebenso wichtig ist später der Kontakt zu Kunden und Mitarbeitern.

Soziale Kompetenz

ist nahezu die wichtigste Eigenschaft des modernen Unternehmers.

Tip

Beide können ihm dabei helfen, sein Produkt ständig zu verbessern und damit konkurrenzfähig zu bleiben.

Qualität 2: Positives Denken

Positives Denken hat viel mit dem Glauben an sich selbst zu tun. Ein Unternehmer, der nicht positiv denkt, glaubt weder an sich und sein Produkt noch an seinen Erfolg. Der Glaube an sich selbst ist jedoch die erste Voraussetzung zum Erfolg. Eine negative Grundstimmung des Unternehmers wirkt sich überdies auf seine Kommunikationsfähigkeit und damit auf Mitarbeiter und Kunden aus.

Qualität 3: Mut zum Risiko

Mut zum Risiko braucht der Unternehmer
– für die Unternehmensgründung – für die Finanzierung seiner Projekte – zur Einführung eines neuen Produkts, eines neuen Designs etc. – zu Veränderungen am Produkt oder in der Struktur seines Betriebs – für die die Eröffnung neuer Filialen oder Produktbereiche

Sie sehen, für nahezu jede unternehmerische Entscheidung ist in irgendeiner Form Mut zum Risiko verlangt, mal mehr, mal weniger. Niemand erwartet von einem Unternehmer jedoch, daß er unnötige Risiken eingeht. Das gilt besonders für den finanziellen Bereich.

Doch wer Neues wagen möchte, darf kein Zögerer und Zauderer sein. Er muß in der Lage sein, Pro und Kontra sorgfältig abzuwägen, um dann zügig eine Entscheidung zu treffen, auch wenn sie anders ausfällt, als andere erwarten oder raten.

33

Qualität 4: Eigenständigkeit

Was bedeutet für Sie Eigenständigkeit?
Gehört dazu für Sie:

– Durchsetzungsvermögen in der Sache und gegenüber Personen?
– Beharrlichkeit in der Verfolgung Ihrer Ziele?
– Unbequeme Meinungen zu äußern?
– Unabhängig von anderen Entschlüsse zu fällen?

Wenn Sie **alle Fragen mit Ja** beantwortet haben, liegen Sie auf unserer Linie. Eigenständigkeit bedeutet nicht, einsame Entschlüsse zu fällen oder nicht auf den Rat kompetenter Personen zu hören. Allerdings: Wer den allgemeinen Konsens in jeder Frage sucht, wird nie zu einem Entschluß kommen.

Als Unternehmer haben Sie ein Ziel: **Erfolg.** Um Erfolg zu haben, muß man seine Ideen verwirklichen und dazu unter Umständen einen eigenen Weg gehen. Die letzte Entscheidung – egal in welcher Frage – müssen Sie als Unternehmer selbst treffen. Niemand kann und wird Ihnen die Verantwortung abnehmen, auch diejenigen nicht, die anderer Meinung sind.

> Und noch ein Tip für spätere Tage: Stellen Sie niemals einen Mitarbeiter ein, von dem Sie das Gefühl haben, er sei ein „Jasager". Jasager untergraben Kreativität und Fortschritt und sind außerdem für Sie selbst und das Unternehmen eine schlechte Visitenkarte.

Qualität 5: Integrität

Damit Sie ein Gefühl dafür bekommen, in wieviel unterschiedlichen Situationen Ihre Integrität erforderlich ist, haben wir **einige Beispiele** zusammengestellt. Überlegen Sie, was Sie tun würden, und versuchen Sie Ihre Entscheidung zu begründen. Lohnend ist es auch, die Entscheidung mit mehreren zu diskutieren.

1. Sie arbeiten besonders gut mit einem Ihrer Mitarbeiter zusammen. Er lädt Sie zur Taufe seines Kindes ein. Einige Wochen später lädt Sie zum gleichen Ereignis ein Mitarbeiter ein, zu dem Sie keinen besonderen Draht haben. **Was tun Sie?**

☐ Ich gehe zu beiden Taufen und mache beiden ein gleichwertiges Geschenk.

☐ Ich gehe zu beiden, bleibe aber bei der zweiten Feier nur kurz.

☐ Ich nehme nur die erste Einladung an und schicke der anderen Familie ein kleines Geschenk mit einer Entschuldigung.

☐ Ich nehme nur die erste Einladung an und entschuldige mich bei dem anderen Mitarbeiter mit privaten Verpflichtungen.

2. Sie müssen für Ihre Mitarbeiter die Büros ausstatten. **Wie gehen Sie vor?**

☐ Alle bekommen dieselbe Ausstattung.

☐ Sie fragen jeden, was er haben möchte und geben dafür einen finanziellen Rahmen vor.

☐ Alle bekommen dieselbe Ausstattung, nur bei Herrn Z. machen Sie wegen seiner Rückenbeschwerden eine Ausnahme. Er bekommt einen teureren Stuhl.

☐ Einige Mitarbeiter, die schon länger in der Firma sind, bekommen bessere Möbel.

3. Sie geben einem guten Kunden einmalig einen großzügigen Rabatt. **Ein anderer Kunde bittet Sie um dasselbe.**

☐ Sie lehnen ab und erklären dem zweiten Kunden, daß der andere Kunde schon sehr viel bei Ihnen gekauft hat, und Sie ihm deshalb sozusagen einen Bonus gegeben haben.

☐ Sie lehnen ab und erklären gar nichts.

☐ Sie erklären dem Kunden die besondere Situation und bieten ihm einen etwas geringeren Rabatt an.

Bei allen Situationen kommt es darauf an, gerecht aber nicht stereotyp zu reagieren.

Als Unternehmer dürfen Sie keinerlei Zweifel an Ihrer Integrität aufkommen lassen. Unter **Integrität** verstehen wir

> **Integrität** wird als Fähigkeit verstanden, alle, unabhängig von Sympathie und Antipathie, nach den gleichen fairen Grundsätzen zu behandeln.
>
> **Tip**

die Fähigkeit, alle gleich bzw. so zu behandeln, daß sich niemand benachteiligt oder schlecht behandelt fühlt. Natürlich können Sie sich nicht gegen spontane Sympathie oder Antipathie wehren, die Sie gegenüber anderen Menschen fühlen. In dem Moment jedoch, in dem der Geschäftserfolg oder Ihre Kompetenz als Chef davon abhängen, sollten Sie diese Gefühle der Vernunft unterwerfen.

Jeder Mensch braucht **eine ganz spezielle Behandlung**, denn Menschen sind nun einmal unterschiedlich. Das darf aber nicht bedeuten, daß der eine bevorzugt, der andere benachteiligt wird. In jedem Fall ist für eine in diesem Sinne unterschiedliche Behandlung eine ehrliche Erklärung nötig. Wer sich schlecht behandelt fühlt, schadet Ihrem Geschäft und Ihrem Ansehen.

Qualität 6: Disziplin

Eine selbständige Werbetexterin erzählte: „Die meisten Leute sind begeistert, wenn Sie hören, was ich mache. Die zweite Frage ist, wie ich es schaffe, jeden Tag eine bestimmte Anzahl von Stunden zu arbeiten bzw. ein vorgegebenes Pensum zu schaffen. Wenn ich dann sage, daß es eine **Frage der Selbstdisziplin** ist, sind sie enttäuscht. Das paßt nicht zum Bild einer ‚Kreativen'."

Tip

Disziplin

Diese Qualität ist bei selbständigen oder kreativen Tätigkeiten besonders wichtig.

„**Eine typische Reaktion**", meint ein Existenzgründungsberater. „Die Leute stellen sich vor, kreative oder selbständige Menschen hätten mehr Muße, mehr Freiheit. Das stimmt in gewisser Weise, denn sie sind keinen festen Arbeitszeiten unterworfen. Trotzdem müssen Sie Ihre Aufträge pünktlich abwickeln. Dadurch sind sie mitunter **weitaus größeren Zwängen unterworfen** als ein Arbeitnehmer. Sie haben – zumindest anfangs – niemanden, der für sie einspringt, wenn sie krank sind oder in Urlaub möchten."

Dafür benötigt ein Selbständiger Disziplin:

- Erfolg kommt nicht von heute auf morgen. Jeder Existenzgründer sollte trotzdem die Disziplin – Hartnäckigkeit – besitzen, um sein Ziel auch dann weiterzuverfolgen, wenn nicht alles nach Wunsch läuft.

- Selbst wenn sich der Erfolg einstellt, muß bereits an der Zukunft gearbeitet werden. Ein Unternehmer darf in seinem Streben nie nachlassen.
- Die finanzielle Planung und Kontrolle ist für viele Existenzgründer eine lästige Pflicht, der sie sich nur allzu gerne entledigen. Tun Sie es nicht. Wer seine Finanzen aus dem Blickfeld verliert, gefährdet seinen Erfolg.
- Egal wie – Aufträge müssen pünktlich abgewickelt werden. Das verlangt ungeheure Disziplin bei der eigenen Arbeitszeit. Feierabend und Wochenende gibt es oft nicht.

Fehlende Eigendisziplin kann in vielen Bereichen dazu führen, daß lästige Pflichten oder Aufgaben vernachlässigt oder auf andere abgewälzt werden. Im schlimmsten Fall werden diese Pflichten gar nicht mehr erledigt. Genauso schlimm ist es jedoch, wenn Sie die Kontrolle darüber verlieren.

Die eigene Arbeitsdisziplin ist ein häufiges Problem bei Freiberuflern, die zu Hause arbeiten. Halten Sie von Anfang an feste Arbeitszeiten ein, die Sie zwar jederzeit überschreiten dürfen, aber nur nach sorgfältiger Abwägung unterschreiten sollten.

Qualität 7: Kreativität

Man könnte sagen „wenn die Kreativität fehlt, mangelt es der Selbständigkeit an ihrer schönsten Blume".

Kreativität	Falsch verstandene Kreativität
– Offenheit gegenüber neuen Ideen und Entwicklungen	– Spontaneität ohne Disziplin
– die Fähigkeit, Eindrücke in Ideen umzusetzen	– ungezieltes Ausprobieren verschiedener Ideen
– die Fähigkeit und Disziplin, eine Idee auszufeilen und in etwas Reales umzusetzen	– Ausarbeiten einer Idee ohne über die Realisierbarkeit und den Verkaufserfolg nachzudenken

– andere für eine Idee zu begeistern und sie zur Mitarbeit zu motivieren	– das Übergehen der Ideen anderer Leute aus Begeisterung über die eigene Idee
– eine gute Idee zu verkaufen	– die Meinung, mit der Idee allein sei das Schlimmste geschafft

Kreativität ist die Grundvoraussetzung für erfolgreiches Unternehmertum. Denn nur wer kreativ ist, hat Ideen, die er verwirklichen kann. Allerdings – und das begreifen viele Leute nicht – Kreativität ist auch bei der Umsetzung einer Idee gefordert. Ein Mensch ohne Kreativität wird nicht in der Lage sein, eine Idee aus dem Verhalten seiner Umwelt zu ziehen, ebenso wenig wird er die Idee so verwirklichen können, daß sie einen Verkaufserfolg bringt. Auch die **Motivation der Mitarbeiter oder Mitstreiter** verlangt Kreativität. Kreativität ist nicht gleichzusetzen mit Spontaneität und Freiheit, Kreativität wird geboren aus der Fähigkeit, mit offenen Sinnen durch die Welt zu gehen. Viele „Absatzrenner" kamen auf diese Art und Weise zustande.

 So fiel zum Beispiel Ludwig Harrer Anfang der 90er Jahre auf, daß immer mehr Firmen Arbeitskleidung mieteten. Das Erfolgsprodukt Gore-Tex seiner Firma ging dabei leer aus. Durch gezieltes Marketing konnte das geändert werden. Mittlerweile bringt die Firma waschbare Schutzanzüge für Straßenarbeiter auf den Markt und 200 Leute arbeiten in diesem Bereich.

Qualität 8: Teamfähigkeit

Hierarchien sind in gewisser Weise auch heute notwendig, denn es muß einen geben, der letztlich Entscheidungen fällt und die Richtung vorgibt, die ein Unternehmen nimmt. Doch nur wer mit seinen Mitarbeitern ein Team bildet, kann aus einem großen Ideen- und Kompetenzreservoir schöpfen.

Teamfähigkeit bedeutet:
– Mitarbeiter in Entscheidungsprozesse einzubeziehen
– das Engagement anderer für die Firma zu würdigen
– Arbeit und Entscheidungen in bestimmten Bereichen abzugeben

– Verantwortung zu übertragen
– andere ernst zu nehmen
– Probleme anzusprechen
– selbst dazu zu lernen, andere um Rat zu fragen
– Entscheidungen durchsichtig und transparent zu machen

Teamfähigkeit bedeutet nicht:
– endlose Diskussionen zu führen
– jeden einzubeziehen um der „Gerechtigkeit" willen
– Entscheidungen zu verschieben
– den größtmöglichen Konsens zu suchen
– Meinungsunterschiede unter den Tisch zu kehren, um niemanden
  zu verletzen

Oft wird **Teamfähigkeit** interpretiert als die Fähigkeit, den größtmöglichen Konsens mit allen Mitarbeitern zu finden. Doch das ist meist nicht im Sinne des Unternehmens. Es führt lediglich dazu, daß sich Entscheidungsprozesse in die Länge ziehen und sich nicht mehr an den Bedürfnissen des Unternehmens orientieren.

Teamfähige Chefs müssen in der Lage sein, ihre Mitarbeiter so zu motivieren, daß sie ihre Ideen und ihre fachliche Kompetenz voll in das Unternehmen einbringen. Dazu gehört in erster Linie eine gute Informationspolitik, Klarheit über den Stand des Unternehmens und die Unternehmensziele.

Qualität 9: Belastbarkeit/Gesundheit

Wer seine eigenen Kräfte nicht einschätzen kann, sich dauerhaft über Gebühr belastet und nicht dazu in der Lage ist, die Dauerlast positiv zu verarbeiten, untergräbt nicht nur die eigene Gesundheit, sondern setzt auch im Unternehmen negative Impulse.
Das sind **Anzeichen für Überanstrengung:**
– gesundheitliche Probleme
– abnehmende Konzentrationsfähigkeit

- schlechtes Erinnerungsvermögen
- Entscheidungen werden umgestoßen
- Stimmungsschwankungen
- Rastlosigkeit
- planlose Aktivität
- Ungeduld
- Notlügen gegenüber Mitarbeitern und Kunden

Das können Sie dagegen tun:
- Treten Sie etwas kürzer. Oft erreicht man in acht Stunden, in denen man ausgeruht arbeitet, mehr als in 14, von denen man vier Stunden bereits am Rande der eigenen Kapazität arbeitet.
- Arbeiten Sie organisiert und nach Plan soweit möglich.
- Entlasten Sie sich von Routineaufgaben.
- Je größer Ihr Betrieb wird, desto mehr konkrete Aufgaben müssen Sie abgeben.
- Treiben Sie regelmäßig Sport und/oder machen Sie Entspannungstraining.

Viele (Jung-)Unternehmer müssen überdurchschnittlich viel arbeiten. Ein 15-Stunden-Tag ist keine Seltenheit. **Permanente Überlastung** führt jedoch dazu, daß Mitarbeiter, Unternehmen und Gesundheit unter Hektik, Fehlentscheidungen und Kompetenzverlust leiden. Langfristig wirkt sich das auf Mitarbeiter und Kunden aus.
Die Auswirkungen für das Unternehmen werden früher oder später negativ sein. Angehende Unternehmer sollten sich darüber bewußt werden und sich von Anfang an einen **effizienten, organisierten Arbeitsstil** angewöhnen und nicht alles selbst machen wollen. Unter Umständen sind 500 Mark für eine Bürokraft eine Investition, die weit mehr einbringt, als sie kostet.

> Und denken Sie daran: Manager sein heißt, den Überblick behalten und die Richtung vorgeben. Manager sein heißt nicht, alles selbst zu machen. Außerdem: Wer Unternehmer werden will, sollte sich der Unterstützung seiner Familie versichern. Wer zu Hause Stress hat, weil er viel arbeitet, wird zu einem Spagat gezwungen, den er nicht lange durchhält.

Psychologen weisen darauf hin, daß Stress nicht gleich Stress ist. Es gibt positiven und negativen Stress. Der positive Stress wirkt als **Antrieb und motiviert zu Höchstleistungen.** Dazu muß aber das Umfeld stimmen. Das heißt: Die Umgebung des „Gestressten" muß mitziehen. Er muß sehen, daß er nicht alleine ist und es müssen Etappen erkennbar sein, die er auch tatsächlich erreichen kann.

Negativer Stress ist in erster Linie psychischer Stress. Typisch dafür ist zum Beispiel die Angst, etwas nicht schaffen zu können oder ständiger Kampf gegen Dinge, die man eigentlich nicht ändern kann.

Beispiel: Ein Manager in einem Familienunternehmen ist davon überzeugt, daß das Unternehmen nur überleben kann, wenn es sich von einigen Mitarbeitern trennt und seine Produkte mehr den Bedürfnissen des Marktes anpaßt, statt dem Sinn für technische Spielereien des Inhabers zu folgen. Der Inhaber ist uneinsichtig. Also versucht der Manager, sich durchzukämpfen, so gut es eben geht. Folgen: Er ist unzufrieden mit den Ergebnissen seiner Arbeit, fühlt sich machtlos und hat ein schlechtes Gewissen gegenüber den Mitarbeitern, denen er keine Perspektive bieten kann. Ein Ende des Dilemmas ist nur möglich, indem der Manager sich eine neue Stelle sucht. Tut er das nicht, ist er tatsächlich gesundheitlich gefährdet.

Wie groß ist Ihr Sicherheitsbedürfnis?

Viele, die mit dem Gedanken an die Selbständigkeit spielen, sehen nur die Vorteile und vergessen, daß sie auf bestimmte Sicherheiten, wie z. B. ein geregeltes Einkommen und geregelte Arbeitszeiten verzichten müssen. Sie sollten sich aber klar vor Augen führen, was sie aufgeben und überlegen, ob Sie auf Dauer bereit sind, darauf zu verzichten.

Die Vorteile einer Festanstellung

+ Festes, kalkulierbares Einkommen
+ Weitgehende soziale Absicherung
+ Arbeitgeberanteil zu den Sozialversicherungen

41

+ Gute Versorgung im Krankheitsfall (Lohn- und Gehaltsfortzahlung)
+ Geregelte Arbeitszeiten, normalerweise freie Wochenenden
+ Großzügiger Jahresurlaub
+ Kündigungsschutz
+ Beschränkte Haftung.

Es ist zu vermuten, daß manche Angestellten und Arbeiter einigen der von uns als Vorteile genannten Punkte eines festen Arbeitsverhältnisses vehement widersprechen dürften: „Von wegen geregelte Arbeitszeiten", werden sie einwenden und auf ihr Überstundenkonto verweisen. „Geregeltes Einkommen, schön und gut, aber nach den sehr moderaten Tariferhöhungen der letzten Jahre bleibt unter dem Strich kaum noch etwas übrig", könnten sich andere beklagen. Und von „beschränkter Haftung" dürfe doch schon gar nicht gesprochen werden. Alles ernstzunehmende Argumente – und trotzdem bleiben die **Vorteile einer Festanstellung gegenüber der Selbständigkeit:**

• Normalerweise haftet der Arbeitnehmer (so er nicht der Geschäftsleitung oder dem Vorstand angehört) „nur" mit seinem Arbeitsplatz. Der Selbständige hingegen haftet im schlimmsten Fall **mit seinem gesamten Vermögen,** ja mit seiner wirtschaftlichen Existenz.

• Wer als Angestellter Karriere machen möchte, darf nicht auf die Uhr schauen. Das wird niemand bezweifeln. Und dennoch besteht ein gravierender Unterschied zum Selbständigen: Bei einem Angestellten sind Arbeits- und Erwerbszeit weitgehend identisch. Er arbeitet und erhält für diese Leistung ein Entgelt. Beim Selbständigen hingegen **weichen Arbeits- und Erwerbszeit deutlich voneinander ab.** So muß er zum Beispiel (unbezahlte) Arbeitszeit investieren, um Kunden zu akquirieren. Erhält er den Auftrag, beginnt die (bezahlte) Erwerbsarbeit. Ist dann aber der Kunde mit dem Ergebnis nicht zufrieden und verlangt Nachbesserungen, so resultiert aus dieser Reklamation erneut (unbezahlter) Arbeitsaufwand.

Tip

Bezahlung

Beim Angestellten sind Arbeitszeit und Erwerbszeit identisch. Der Selbständige arbeitet viele Stunden unentgeltlich, z. B. beim Akquirieren.

• Natürlich hofft jeder Existenzgründer, recht bald mehr Geld zu verdienen als im Angestelltenverhältnis. Meist geht diese Rechnung auch auf. Aber in aller Regel erst **nach einer längeren Durststrecke.** Der Angestellte wiederum erhält schon am Ende des ersten Monats seiner Arbeitszeit das vereinbarte Gehalt überwiesen.

Sie sollten genau überlegen, welchen Stellenwert Sie und Ihr(e) Partner/in diesen Vorteilen eines festen Arbeitsverhältnisses letztlich einräumen. Nur dann ist es Ihnen möglich, die Vor- und Nachteile einer Existenzgründung in Ihrem ganz individuellen Fall abzuschätzen.

Viele Existenzgründer haben eine gute Idee, springen mit beiden Beinen ins kalte Wasser – und gehen genauso schnell darin unter. Als Existenzgründer, der Erfolg haben möchte, sollten Sie **den Sprung nur mit Schwimmgürtel wagen.**

Konkret: Informieren Sie sich über alles, was mit einer Existenzgründung zusammenhängt, bevor Sie tatsächlich ein Unternehmen gründen.

Es gibt mittlerweile **eine Vielzahl von Hilfestellungen von staatlicher Seite, von Agenturen, freien Beratern und Banken.** Die meisten Beratungsleistungen sind erschwinglich oder kostenlos und bewahren Sie unter Umständen davor, Schiffbruch zu erleiden. Ausführliche Informationen zu diesem Thema bietet das Kapitel 7.

Fünf Goldene Regeln für Existenzgründer

1 **Überprüfen Sie Ihre Eignung zum Unternehmer.**
Erst wenn Sie selbständig werden, können Sie mit Sicherheit sagen, ob es klappt. Starten Sie jedoch nicht zum Blindflug, sondern prüfen Sie zuerst, ob Sie zumindest theoretisch das Zeug zum Unternehmer haben.

2 **Bereiten Sie sich gründlich auf den Start als Unternehmer vor.**
Halb ausgegorene Ideen führen nirgendwo hin. Erstellen Sie ein Unternehmenskonzept und stellen Sie es auf den Prüfstand. Besprechen Sie Ihr Konzept mit Fachleuten und lassen Sie sich beraten.

Handeln Sie überschaubar.
Gehen Sie nicht gleich in die Vollen. Halten Sie Ihr Risiko so gering wie möglich. Überlegen Sie sich Alternativen zu aufwendigen und teuren Varianten. Lassen Sie sich vor allem im finanziellen Bereich kompetent beraten und backen Sie kleine Brötchen.

 Halten Sie sich den Rücken frei.
Versuchen Sie nicht alles selbst zu erledigen. Wenn es Aufgaben gibt, die Sie jemand anders übertragen müssen, damit Sie sich auf das Wesentliche konzentrieren können, tun Sie es. Legen Sie dafür die Spielregeln und die Zuständigkeiten klar fest.

 Sichern Sie sich ein breites Wissensspektrum.
Nehmen Sie Hilfe, die Sie brauchen und erhalten können, in Anspruch. In vielen Bereichen sind Sie vielleicht nicht selbst kompetent. Nehmen Sie dafür externe Dienstleister in Anspruch. Das muß nicht viel kosten, wenn Sie zum Beispiel auf kostenlose oder günstige staatliche Beratungsdienste oder die Angebote der Industrie- und Handelskammer etc. zurückgreifen können.

Auf einen Blick

- Wer sich selbständig machen möchte, sollte zunächst herausfinden, ob er persönlich die Eigenschaften mitbringt, die einen Unternehmer auszeichnen: fachliche und soziale Kompetenz, positives Denken, Mut zum Risiko, Eigenständigkeit, Disziplin, Kreativität, Belastbarkeit.
- Die meisten Existenzgründer scheitern an finanziellen Schwierigkeiten. Ein Finanzplan ist unumgänglich.
- Eine Existenzgründung muß gründlich vorbereitet werden. Zur Vorbereitung gehört eine Marktanalyse, mit deren Hilfe Sie sich ein Bild von der Branche, den Konkurrenten und den Kunden machen können.
- Branchenkenntnisse sind für einen Existenzgründer eine wichtige Einstiegshilfe.
- Es gibt eine Menge staatlicher Stellen, Organisationen und Verbände, die Existenzgründer bei den ersten Schritten unterstützen und beraten. Im Internet finden Sie viele Angebote.

- Existenzgründer sollten versuchen, die Fremdfinanzierung für ihr Unternehmen zu begrenzen. Das geht am besten, wenn Sie bei den Dingen, die für die Arbeit nicht unbedingt nötig sind, sparen und klein anfangen.
- Nehmen Sie die Hilfe von externen Dienstleistern in Anspruch, wenn Sie etwas selbst nicht können.
- Teamarbeit ist nötig, bedeutet aber nicht Konsens um jeden Preis. Die letzte Entscheidung trifft der Unternehmer.
- Soziale Kompetenz gehört zu den wichtigsten Eigenschaften des modernen Unternehmens.
- Prüfen Sie, ob Sie wirklich bereit sind, auf die Vorzüge des Angestelltenverhältnisses zu verzichten.

Auf der Suche nach Geschäftsideen

In einigen seltenen Fällen ist eine unwiderstehlich gute Geschäftsidee der Grund, sich selbständig machen zu wollen. Weitaus häufiger jedoch besteht zunächst der Wunsch, eine Existenz zu gründen, und dann erst beginnt die Suche nach einer guten Idee. Fest steht: wer erfolgreich in die Selbständigkeit starten möchte, braucht nach landläufiger Vorstellung zumindest dies: **eine wirklich zündende, zukunftsträchtige und idealerweise eine Marktlücke schließende Geschäftsidee.** Also treten viele, die sich mit dem Gedanken tragen, schon in naher Zukunft ihr eigener Chef zu werden, in einen kreativen Prozeß der Ideenfindung ein, um bald etwas ernüchtert festzustellen, daß es regelrechte Marktlücken in einem freien Wirtschaftssystem kaum noch gibt. Leichter tut sich der potentielle Selbständige, wenn er nach einer Marktnische sucht. Eine gute Marktnische zu finden, ist bereits ein Erfolg.

Wer immer Ihnen von angeblichen Marktlücken vorschwärmt, sollte zunächst einmal Ihr Mißtrauen ernten. Denn erstens bestehen viele Marktlücken zurecht (weil nämlich das betreffende Produkt beziehungsweise die Dienstleistung nicht nachgefragt wird), und zum anderen haben eigentlich **nur sehr innovative High-tech-Unternehmen** überhaupt eine Chance, in eine Marktlücke vorzudringen.

Bei der Suche nach Geschäftsideen werden Sie im wesentlichen auf drei unterschiedliche Marktverhältnisse stoßen:

Grundtypen von Geschäftsideen

• **Die Marktlücke:**

Sie ist – wie gesagt – in weitgehend gesättigten Märkten **nur noch selten** anzutreffen. Ihre **Charakterisika:** Kein Anbieter, im günstigsten Fall aber eine latent vorhandene große Nachfrage (ist keine Nachfrage vorhanden, handelt es sich um eine berechtigte Marktlücke).

Eine Marktlücke hatten in den späten 40er Jahren die Brüder Richard und Maurice Mcdonald erblickt, als sie für junge Familien Selbstbedienungsrestaurants mit großen Parkplätzen und konkurrenzlos günstigen Preisen anboten.

• Die Marktnische:

Sie besteht häufiger und bietet Existenzgründern in der Regel gute Einstiegschancen. **Ihre Charakteristika:** Erst wenige Anbieter, aber große, mittel- bis langfristig weiter steigende Nachfrage. Doch Vorsicht, es kann sich bei der vermeintlichen Chance auch nur um einen kurzlebigen Trend handeln. Oder aber, die Idee spricht sich herum und innerhalb kurzer Zeit kommt es zum „Kannibalismus" unter den Anbietern (ein klassisches Beispiel hierfür sind die Videotheken).

• Der Verdrängungswettbewerb

Er ist heute eigentlich gang und gäbe. **Seine Charakteristika:** Viele Anbieter am Markt, die Zahl der Nachfrager hingegen bleibt gleich oder sinkt. Erfolg hat der Existenzgründer auf diesem Markt nur, wenn er besser, preiswerter, serviceorientierter oder einfach sympathischer ist als die Mitbewerber und diese allmählich verdrängt.

Existenzgründungen ohne Geschäftsideen

Nach dieser Übersicht können wir bereits feststellen, daß Sie als angehender Unternehmer sich keineswegs mit der Suche nach imaginären Marktlücken verzetteln sollten. Wer besser ist als die Konkurrenten, hat auch unter anderen Marktvoraussetzungen gute Karten für den unternehmerischen Erfolg. Gehen wir noch einen Schritt weiter: Um Ihr eigener Chef zu werden, brauchen Sie sich in einigen Fällen überhaupt nicht um eine Idee kümmern.
So besteht zum Beispiel die Möglichkeit, als **Franchise**-Nehmer gegen eine – zugegebenermaßen nicht eben geringe – Gebühr von den praxiserprobten Geschäftsideen eines Systemgebers zu profitieren. Oder aber Sie sprechen Ihren derzeitigen Arbeitgeber auf die Vorteile einer

Keine Geschäftsidee

Tip

brauchen Sie bei Franchise-
Verträgen oder Betriebs-
übernahmen in Ihrer Branche.

Spin-off-Gründung an, bei der bis zu diesem Zeitpunkt integrale Unternehmensteile in selbständige Firmen ausgegliedert werden. Als dritte Variante der Unternehmensgründung ohne eigene Geschäftsidee bleibt das **Management-buy-out** (MBO) und das **Management-buy-in** (MBI). Darunter ist die Übernahme eines Unternehmens durch interne Führungskräfte (MBO) beziehungsweise der Kauf der Firma durch externe Manager (MBI) zu verstehen.

Alle diese Gründungsvarianten werden wir im folgenden Kapitel noch etwas genauer unter die Lupe nehmen. Dem facettenreichen Thema „Franchising" widmen wir ein eigenes Kapitel.

Geschäftsideen – woher nehmen...?

„Wir müssen den Leuten erst einmal die Stammtisch-Ideen austreiben", meinte der Gründungsberater einer Industrie- und Handelskammer einmal leicht hochnäsig. Im Klartext: Viele angehende Existenzgründer schnappen im (feuchtfröhlichen) Gespräch mit Freunden oder Kollegen **scheinbar geniale Einfälle** auf und glauben, damit ein Vermögen schaffen zu können. Daß es ganz so einfach nun doch nicht läuft, dürfte jedem klar sein, der ernsthaft plant, eine eigene unternehmerische Existenz zu gründen.

Und dennoch: Nicht jeder Stammtisch-Einfall muß eine Schnapsidee sein. Im Gegenteil. Wir raten ausdrücklich dazu, Geschäftsideen nicht „im stillen Kämmerlein" auszubrüten, sondern im intensiven Austausch mit Freunden, Bekannten und Kollegen. Dafür gibt es einen – wie wir meinen – einfach nachvollziehbaren Grund: Alle – auch die Stammtischrunde – könnten Ihre Kunden von morgen sein. Sie sollten deren Wünsche und Erwartungen kennen. Als angehender Existenzgründer dürften Sie in der Regel nicht über die wirtschaftlichen Möglichkeiten verfügen, um aussagefähige Marktstudien betreiben zu können. Daher sind Sie **in hohem Maße auf Informationen angewiesen,** die Sie sozusagen nebenbei und gratis bekommen. Die mögen nicht unbedingt repräsentativ sein, können Ihnen aber den einen oder anderen wichtigen Anhaltspunkt liefern.

> Wer als Unternehmer Erfolg haben möchte, muß Wünsche erfüllen. Neue Wünsche zu wecken, ist eine weitergehende Aufgabe, die Sie erst angehen sollten, wenn Sie am Markt etabliert sind und sich das Profi-Know-how von Marketingexperten leisten können. Wünsche aber kann nur der erfüllen, der sie kennt. Wer sich auf die Suche nach Geschäftsideen begibt, muß also zuhören können, muß mit offenen Augen und Ohren durch die Welt gehen.

Die wertvollen Botschaften des Alltags

Maßgeschneiderter Service für private PC-Kunden

Nehmen wir den Fall von Gregor K. aus Rheinland-Pfalz. Der 28jährige ist ein ausgewiesener Computer-Experte und verdiente in seinem Job am Frankfurter Flughafen recht gut.  Alles fing damit an, daß er seiner Freundin Sabine – einer freiberuflichen Journalistin – einen neuen PC installierte und ihr die Anwendung leicht verständlich erklärte. Sabine war für diese Serviceleistung außerordentlich dankbar, denn zu den Computer-Freaks zählt sie sich wirklich nicht. Und so wie ihr ergehe es zahlreichen Kolleginnen und Kollegen, erzählte sie Gregor später. Der Service im einschlägigen Computerhandel sei meist mäßig bis schlecht. Entweder, es finde überhaupt keine Beratung statt, oder aber eine „von Freak zu Freak". Was fehle, meinte Sabine, sei ein freundlicher und auf die Bedürfnisse des privaten PC-Nutzers ohne größere Kenntnisse zugeschnittener Service, „dem man auch mal dumme Fragen stellen kann".

Gregor K. hatte zugehört – und er handelte. Zuerst nebenberuflich (abends und an den Wochenenden), dann hauptberuflich **als selbständiger Unternehmer**. Er berät seine privaten Kunden beim PC-Kauf, geht mit zum Händler, installiert die Geräte, weist Computer-Laien ein und leistet über eine gebührenpflichtige 190er-Telefonnummer Erste Hilfe, wenn der elektronische Kollege mal wieder verrückt spielt.

Und vor allem: Gregor K. repariert auch ältere Geräte, um die sich kaum ein Fachhändler noch kümmern würde. Im Gegensatz zu vielen Computerfreaks, die ähnliche Dienste anbieten, arbeitet der Jungunternehmer extrem kundenorientiert. Nicht die teuerste oder umfassendste Lösung wird angestrebt, sondern die angemessene, die der Kunde sofort einsetzen kann, ohne lange dicke Handbücher studieren zu müssen. Heute beschäftigt Gregor K. bereits drei freie Mitarbeiter. Sein freundlicher Service hat sich herumgesprochen.

Beenden wir an dieser Stelle die Schilderung dieses authentischen Falles. Er sollte Ihnen nur anschaulich zeigen, daß Ihnen **viele interessante Geschäftsideen** sozusagen gratis geliefert werden. Die erfolgreiche Jungunternehmerin Susanne Westphal formuliert es vielleicht etwas zugespitzt, aber der Kern trifft zu: „Die Geschäftsideen liegen förmlich auf der Straße und warten darauf, von Ihnen entdeckt zu werden."

HINHÖREN LIEFERT WICHTIGE INFORMATIONEN

Sie erfahren etwa
→ was die Menschen (ihre potentiellen Kunden) als ausgesprochen unangenehm oder lästig empfinden;
→ wo sie sich Hilfe oder Beratung erwarten;
→ welche konkreten Wünsche und Bedürfnisse sie haben;
→ was die bereits am Markt befindlichen Anbieter des betreffenden Produkts oder der Dienstleistung falsch machen;
→ welche Ängste die Menschen bewegen (wer Sicherheit zu akzeptablen Preisen garantieren kann, ist gut im Geschäft);
→ welche Probleme im Berufsleben auftauchen (Ansatzpunkte für Fort- und Weiterbildung);
→ wie die Menschen Ihre Freizeit verbringen.

All diese Antworten geben Ihnen wertvolle Hinweise, **welche Bedürfnisse** bei den Menschen bestehen. Die Frage ist dann, inwieweit Sie diese Bedürfnisse stillen können. Es mag banal klingen, dennoch sei es an dieser Stelle ausdrücklich betont, weil viele Existenzgründer sich bisweilen Illusionen machen: Daß sich der Existenzgründer X selbstverwirklichen möchte oder sich die Modeboutique-Besitzerin Y einen Lebenstraum verwirklichte, interessiert die Menschen, an denen beide verdienen möchte, überhaupt nicht.

Geschäftliche Erfolge

hat nur jener, der Bedürfnisse befriedigt. Dabei ist es unerheblich, ob es sich um Grundbedürfnisse oder nur um eingebildete Bedürfnisse handelt.

Tip

Als Unternehmer brauchen Sie zufriedene Kunden, keine Sponsoren. Ob Pizzabäcker oder High-tech-Unternehmer – in beiden Fällen handelt es sich um Problemlöser, wenn Sie uns diesen zugegebenermaßen etwas extremen Vergleich gestatten. Der eine kümmert sich um die ambulante Versorgung der Pizzafreunde, während der High-tech-Unternehmer vielleicht neue medizinische Geräte entwickelt, die dazu beitragen, das „Problem Krankheit" ein Stück weit in den Griff zu bekommen.

Medien als Informationsquelle

Um die Bedeutung ihrer eigenen Zunft besonders anschaulich zu beschreiben, erzählen manche Journalisten ihren größtenteils erstaunten Zuhörern folgende Geschichte: Im Zweiten Weltkrieg und in den Jahrzehnten der Ost-West-Konfrontation hätten sich die Analysten und Strategen in den Hauptstädten der beiden Supermächte eher auf die sorgfältige Auswertung der im Zielland erscheinenden Zeitungen und Zeitschriften verlassen können als auf die eigenen Geheimdienste.

Einmal abgesehen davon, in welchem Umfang diese Behauptung wirklich zutrifft, besteht sicher keinerlei Zweifel, **daß die Medien interessante Informationen gerade auch für Existenzgründer liefern.** Die nachfolgende Auflistung gibt Ihnen einen sicher längst nicht vollständigen **Überblick über wichtige Anhaltspunkte,** die Sie den Medien entnehmen können.

DIE MEDIEN – EINE FUNDGRUBE FÜR EXISTENZGRÜNDER

Lokale Medien:

• Entsteht in Ihrer Nähe in absehbarer Zeit ein neues Wohngebiet (wichtig zum Beispiel für Einzelhändler, Gastronomen oder etwa auch private Kindergärten)?
• Ist die Errichtung von Gründungs- oder Technologiezentren geplant?
• Welche Beschlüsse werden von den Kommunen beziehungsweise Ländern gefaßt? Stehen zum Beispiel Privatisierungen an, bei denen Sie einsteigen können?
• Was brennt den Lesern auf den Nägeln (erfahren Sie in den Leserbriefen)? Können Sie unternehmerisch als Problemlöser auftreten?
• Welche neuen Unternehmen werden gegründet, welche bestehenden geschlossen (steht in den „Amtlichen Bekanntmachungen")?
• Welche Angebote beziehungsweise Kaufgesuche erscheinen im Kleinanzeigenteil?
• Welche Branchen boomen (ein wichtiger Indikator sind die Stellenanzeigen)?

Überregionale Medien:

• Über welche Themen/Trends wird auffallend häufig berichtet?
• Welche Branchen melden gute, welche weniger gute Zahlen?
• Welche Pläne hat der Gesetzgeber? Öffnen sich dadurch neue Märkte (Beispiel: Häusliche Pflege) oder besteht hoher Beratungsbedarf (Beispiel: Euro)?
• Welche Trends sind gerade in den USA en vogue (die meisten davon kommen mit einer gewissen Zeitverzögerung auch nach Europa)?

Vorsicht bei Kleinanzeigen

Wenn Sie – was wir Ihnen grundsätzlich empfehlen – **intensiv Ihre Tageszeitung und andere einschlägige Magazine lesen,** werden Sie sehr schnell auf Anzeigen stoßen, die Ihnen scheinbar ein kleines unternehmerisches Paradies verheißen: „50.000 DM Gewinn pro Monat mit Super-Geschäftsidee", heißt es da zum Beispiel. Oder: „Machen Sie als Selbständiger in diesem Jahr noch Ihre erste Million!", „Existenzgründung jetzt – morgen schon Millionär". So obskur derlei Kleinanzeigen auch klingen mögen, erstaunlicherweise fallen viele Zeitgenossen auf solch unseriöse Versprechungen immer wieder herein. Hinter solchen Angeboten ste-

Super-Geschäftsideen

in Zeitungsannoncen machen nur den Verkäufer reich, der Ihnen für wertlose Ideen gutes Geld abnimmt,

Tip

hen in der Regel entweder sogenannte Strukturvertriebe, die ihre vermeintlich selbständigen Mitarbeiter („Drücker") finanziell abhängig machen und zu besonders aggressiven, bisweilen kriminellen Verkaufsmethoden zwingen, oder aber es geht den Inserenten darum, wertlose Vertriebslizenzen an den Mann oder die Frau zu bringen. **Wertlos**, weil die Produkte niemand kaufen möchte. Also Hände weg von solchen Offerten, die meist unter der an und für sich recht seriös klingenden Anzeigenrubrik „Geschäftsverbindungen" erscheinen.

Wer Ihnen eine „Super-Geschäftsidee" verkaufen möchte, ist entweder ein Narr oder ein Betrüger. Denn entweder die Idee erweist sich in der Tat als genial, dann wäre jeder ein Narr, der diese einmalige Chance nicht selbst nutzte. Oder aber, das für teures Geld verkaufte Unternehmenskonzept ist nicht einmal das Papier wert, auf dem es geschrieben wurde– dann handelt es sich um einen Betrüger. Die Erfahrung zeigt, daß Letztgenannte deutlich in der Überzahl sind...

Recherche in Magazinen für Geschäftsideen

Natürlich sind längst einschlägige Fachzeitschriften auf dem Markt, in denen neue (oder auch nur wiederentdeckte) Geschäftsideen vorgestellt und analysiert werden. Sie erfahren dort, **wie sich die Zukunftsperspektiven dieser Gründungsideen ausnehmen**, welche Einkommensmöglichkeiten bestehen und an wen Sie sich wenden können.

Keine Frage, in diesen Publikationen können Sie durchaus interessante und praxiserprobte Ideen finden. Grundsätzlich spricht auch nichts dagegen, Bewährtes und Erfolgreiches nachzuahmen. Konkurrenz be-

Tip

Geschäftsideen aus speziellen Magazinen bieten z. Teil interessante, praxiserprobte Ideen, sind jedoch nur selten taufrisch.

lebt bekanntlich das Geschäft. **Der Nachteil:** Nur selten sind die dargestellten Geschäftsideen sozusagen „taufrisch". Das heißt, der potentielle Existenzgründer erfährt erst mit erheblicher zeitlicher Verzögerung von einem genialen Gedanken. Wenn die vermeintlich heißen Tips erscheinen, ist das Feld häufig schon „abgegrast".

Denn Hand aufs Herz: Angenommen, Sie hätten eine wirklich außerordentlich lukrative Geschäftsidee, die noch dazu in eine Marktnische träfe. Wären Sie dann bereit, Ihr Erfolgsgeheimnis in den Medien auszuplaudern und potentiellen Mitbewerbern den Mund wässrig zu machen...? Wohl kaum. Und so wie Sie denken alle. Jungunternehmer, die allzu bereitwillig Ihre Konzepte und Erfolgsgeheimnisse vorstellen, erhoffen sich vor allem **positive PR-Effekte** für ihr Unternehmen (was durchaus legitim ist). Der Markt als solcher indessen ist in diesem Stadium in der Regel bereits dicht. Sich anbahnende Trends können Sie **frühzeitig erkennen**, wenn Sie Zeitschriften der Sie interessierenden Branche nach kurzen Artikeln über neue Strömungen durchsuchen. Denken Sie z. B. an eine Existenzgründung im Bereich Gesundheit, sollten Sie Gesundheitsmagazine nach interessanten Kurzmeldungen über originelle Ideen aus den USA durchforsten. Ist ein Trend bereits eine Titelgeschichte wert, dürfte es meist schon zu spät sein.

Trends aufspüren und nutzen

Auf Trends müssen Existenzgründer prinzipiell achten. Denn selbst eine an sich gute Geschäftsidee steht unter einem schlechten Stern, wenn das Umfeld nicht stimmt, sich also die Kunden nicht dafür interessieren. Salopp ausgedrückt: Ihrem Vorhaben dürfte kaum Erfolg beschieden sein, wenn Ihre Idee „out" ist oder zumindest in der Gefahr steht, mittelfristig keine Chancen mehr zu haben.

Eine Geschäftsidee erscheint nur dann gut, wenn sie Ihnen nachhaltige Erfolge verspricht. Das heißt, Sie müssen Ihr Konzept **auf seine Zu-**

kunftschancen untersuchen, denn schließlich wollen Sie auch in fünf oder zehn Jahren noch damit Geld verdienen. Deshalb: Stellen Sie sich immer wieder die Frage, **welche Chancen** das von Ihnen geplante Produkt oder die ins Auge gefaßte Dienstleistung in den kommenden Jahren haben könnte.

Dazu ist es notwendig, starke und länger anhaltende Trends auszumachen,

> **Kurzlebige Trends**
>
> bringen Ihnen nur die schnelle Mark (was zum Beispiel als Nebenjob ja durchaus ausreichend sein mag). Der Sprung in die Selbständigkeit aber setzt eine tragfähige und nachhaltige Vollexistenz voraus.

Tip

die sich in Zukunft verstärken dürften. Selbstverständlich geht jeder noch so ausgeprägte Trend einmal zu Ende, worauf Sie sich als Unternehmer rechtzeitig einstellen müssen. Ansonsten könnte es irgendwann einmal heißen, Sie hätten neue Entwicklungen „verschlafen." Sie sollten mithin stets auf dem laufenden bleiben.

Welche Faktoren führen zu einem Trend?

Wie aber entstehen Trends? Welche Kräfte wirken auf sie ein? Wir haben die wichtigsten Faktoren für Sie zusammengetragen. Trends werden maßgeblich bestimmt

→ vom allgemeinen Zeitgeist, von Stimmungen und Moden,
→ von politisch-gesellschaftlichen Veränderungen,
→ von technologischen Fortschritten,
→ von der Konjunkturentwicklung,
→ von der Bevölkerungsentwicklung sowie
→ von Trends aus dem Ausland, vor allem aus den USA.

Gestatten Sie, daß wir die einzelnen Punkte dieser Aufzählung noch etwas näher erläutern, um Ihnen zu verdeutlichen, wie die genannten Faktoren zur Herausbildung von Trends beitragen können.

• Zeitgeist
Stimmungen und Moden erweisen sich im Gegensatz zum Zeitgeist in der Regel **als äußerst kurzlebig**. Modeboutiquen oder Friseure müssen darauf reagieren. Geschäftsideen indessen lassen sich daraus kaum

entwickeln. Denn was heute „in" ist, kann morgen bereits „megaout" sein.

Das, was wir etwas diffus als „Zeitgeist" beschreiben, wirkt jedoch bereits länger und tiefer. Oftmals handelt es sich **um einen regelrechten Bewußtseinswandel.** Die in den vergangenen Jahren deutlich gewachsene Sensibilität der Menschen **für die Natur und ökologische Zusammenhänge** ist ein Beispiel dafür, wie ein anderer Zeitgeist auch unser Denken und Handeln verändert. Erinnert sei zudem an die allenthalben grassierende Fitneßwelle mit ihren zahlreichen Chancen für Existenzgründer in den Bereichen Gesundheit und Ernährung.

• **Politisch-gesellschaftliche Veränderungen**
Politisch-gesellschaftliche Veränderungen können ebenfalls zur Entstehung von Trends beitragen. Wenn zum Beispiel die Zahl der Ehescheidungen steigt, sind kleinere Single-Appartements stärker gefragt als 5-Zimmer-Wohnungen mit 180 Quadratmetern, um nur ein extremes Beispiel zu nennen. Zu politischen Veränderungen gehören aber auch so weitreichende Entscheidungen wie die europäische Integration oder die Einführung des Euro. Konkret bedeutet dies: **Fremdsprachenkenntnisse werden immer wichtiger;** zudem suchen die Verbraucher nach Orientierung in einem europäischen Mega-Markt. Die „Schnäppchenjagd" muß mehr denn je grenzüberschreitend erfolgen.

• **Technologischer Fortschritt**
Um zu illustrieren, wie stark technologische Fortschritte neue Trends kreieren, brauchen wir nur ein Stichwort zu nennen: **Internet.** Welche wirtschaftlichen Chancen sich auf diesem Gebiet noch eröffnen, läßt sich seriös derzeit kaum abschätzen. Vermutet werden darf, daß in diesem Umfeld noch zahlreiche Geschäftsideen darauf warten, entdeckt zu werden (warum nicht Nachhilfeunterricht per E-mail?).

• **Konjunkturentwicklung**
Manche Trends wiederum entstehen gleichsam nolens volens. Wenn in wirtschaftlich schwierigeren Zeiten die Lohn- und Gehaltszuwächse nicht mehr so üppig ausfallen wie ehedem, wenn überdies hohe Steuern und Sozialabgaben auf den Einkommen lasten, gewinnt un-

versehens **der Trend zum Sparen** an Bedeutung. Nicht mehr unbedingt der Superluxus ist gefragt, nun reicht auch die Mittelklasse. Ein cleverer Existenzgründer wird also überlegen, welche Dienstleistung er anbieten kann, mit deren Hilfe sein Kunde bares Geld spart (so entstand zum Beispiel die Idee, für preisbewußte Auftraggeber professionell auf Schnäppchenjagd zu gehen).

• Bevölkerungsentwicklung

Ein wesentlicher Faktor zur Herausbildung von Trends ist ohne Frage die Bevölkerungsentwicklung. Und in dieser Hinsicht weisen die deutschen Statistiken eine kristallklare Tendenz auf: Die Bundesbürger werden immer älter. Bis zum Jahr 2030, schätzt nicht nur der Berliner Volkswirt Professor Klaus Jäger, **kommt auf jeden Erwerbstätigen ein Rentner.** Was für die Gesetzliche Rentenversicherung wie ein Alptraum klingen mag, eröffnet potentiellen Existenzgründern große Chancen: **Ältere Menschen haben ganz spezifische Bedürfnisse und Ansprüche.** Zudem verfügen viele von ihnen bereits heute über ein überdurchschnittliches Einkommen. Wer entsprechende Produkte oder Dienstleistungen bietet, hat sehr gute Karten.

• **Trends aus dem Ausland**

Schließlich entstehen zahlreiche Trends im Ausland – vor allem in den Vereinigten Staaten. Trendforscher müssen sich nur im Land der unbegrenzten Möglichkeiten näher umschauen, um zu erfahren, was morgen auch in Europa „angesagt" sein dürfte. Als ein jüngeres Beispiel sei an dieser Stelle nur das **Inline-Skating** genannt, das seit einigen Jahren auch hierzulande für Furore auf den Straßen sorgt.

Die Top-Trends der nächsten Jahre

Kommen wir nun zur ganz konkreten Frage: **Welche aktuellen Trends** erscheinen so ausgeprägt, daß sie noch Marktchancen für Existenzgründer verheißen? Natürlich können wir Ihnen an dieser Stelle nicht alle mehr oder minder fundierten Prognosen einschlägiger Trend-Gurus vorstellen. Hinzu kommt, daß sich mancher vermeintliche Trend recht bald als Flop erweist. Dennoch:

Wer die Entwicklung in Deutschland sowie in Europa verfolgt und die obengenannten Kriterien anlegt, wird schnell erkennen, auf welchen Sektoren sich auch künftig Geld verdienen läßt.

Einige dieser Erfolgssektoren möchten wir Ihnen nachfolgend vorstellen:

• **Der Seniorenmarkt:**
Wie bereits erwähnt, steigt die Zahl der Renter ständig. Tatsächlich gehen in den nächsten zehn Jahren die ersten „Baby-Boomer" in den Ruhestand, also die Angehörigen der geburtenstarken Jahrgänge unmittelbar nach dem Zweiten Weltkrieg. Gleichzeitig wird sich die Lebenserwartung der Männer und Frauen weiter erhöhen. **Was folgt daraus?**

1. **Die Rentner von heute und morgen** sind nicht mehr mit den Ruheständler von gestern zu vergleichen. Sie wollen ihren Lebensabend in vollen Zügen genießen, wollen reisen, angemessen wohnen, wünschen sich entsprechende Freizeitangebote. Da viele Ruheständler dank privater Vorsorge über ein vergleichsweise gutes Einkommen verfügen, können sie sich diesen Lebensstandard auch leisten. Davon profitiert, wer auf diese Zielgruppe zugeschnittene Angebote macht.

 Auf die Bedürfnisse von Senioren spezialisierte **Immobilienmakler, Agenturen, die seniorengerechte, kulturell anspruchsvolle Reisen zusammenstellen, oder versierte und seriöse Finanzberater, die sich auch auf dem Gebiet Schenken und Vererben auskennen** – dies sind nur ein paar Beispiele, wie auf die Interessen der „jungen Alten" reagiert werden kann.

2. Die Kehrseite der höheren Lebenserwartung: Trotz aller medizinischen und pharmazeutischen Künste lassen irgendwann dann doch die Kräfte nach. Man **ist auf Hilfe angewiesen**, wird vielleicht sogar zum Pflegefall.

 In den letzten Jahren sind eine Unmenge **privater Pflege- und Betreuungsdienste für Senioren und Kranke** aus dem Boden gewachsen. Manches schwarze Schaf war darunter, das auf

die schnelle Markt spekulierte. Dennoch dürfte die **Nachfrage nach Seniorenpflegediensten** weiter steigen.

• Der Sicherheitsmarkt:

Die Aussicht mag einen erschrecken, doch auch in den nächsten Jahren ist mit einer Zunahme der Kriminalität zu rechnen. Schon heute scheinen die staatlichen Behörden am Ende ihrer Kapazitäten.

Wer aus dem Urlaub zurückkommt und seine Wohnung aufgebrochen und ausgeraubt vorfindet, kann nur noch auf eine gute Versicherung hoffen. **Die Nachfrage nach zuverlässigen Sicherheits- und Wachdiensten** dürfte daher weiter wachsen.

• Der Computer-/Internet-Markt:

Hier gilt es zunächst zu differenzieren. Im Handelsbereich haben Sie so gut wie keine Chancen. Immerhin verbrannte sich auf diesem Markt schon so manches Großunternehmen seine Finger. Im Klartext: Sie können mit dem Verkauf von Hard- und Software heute kaum noch ein existenzsicherndes Geschäft machen.

Woran es mangelt, ist **ein fairer und kompetenter Service- und Beratungsbereich,** der sich sowohl an den **privaten PC- und Internetnutzer als auch an Kleinunternehmen** richtet, die sich eben nicht den etablierten EDV-Berater mit horrendem Tagessatz leisten können. Je umfangreicher Ihr Serviceangebot (Sofort-Hilfe, Vor-Ort-Service, Telefon-Hotline usw.), desto größer Ihre Chancen am Markt.

• Der Beratungsmarkt:

Kleine und mittelständische Unternehmen haben in aller Regel einen immensen Beratungsbedarf. Nicht für jedes Problem können teure Fachleute eingestellt werden. Im Bedarfsfall ziehen die Unternehmen mithin externe Berater hinzu.

Hier eröffnen sich Möglichkeiten zum Beispiel für **Personal- und Rationalisierungsberater.** Auch Journalisten mit PR-Erfahrung haben Chancen, da nämlich einerseits selbst kleinere und mittelständische Betriebe heute **gezielte Pressearbeit**

betreiben müssen (oder zumindest sollten), andererseits aber nicht den aufwendigen Apparat einer großen Agentur mitfinanzieren möchten.

Dauerhaft Geld verdienen kann im Beratungsgeschäft allerdings nur der erfahrene, wirtschaftlich denkende Experte. Die Psychologin, die sich als Personalberaterin versucht, obgleich sie weder über Branchen- geschweige denn über eigene Führungserfahrung verfügt, dürfte über kurz oder lang ebenso auf der Strecke bleiben wie der Jungakademi- ker, der in seiner Studienzeit mal für eine Lokalzeitung geschrieben hat und nun glaubt, PR-Beratung verkaufen zu können.

- **Der Fun- und Freizeitmarkt:**

Es gibt noch ein Leben nach dem Job – eine Behauptung übrigens, der manche Jungunternehmer in den ersten Jahren nach ihrer Existenz- gründung angesichts der eigenen Arbeitsbelastung wohl nur süßsauer lächelnd zustimmen können. Doch wie dem auch sei, Tatsache bleibt, daß die meisten heute über mehr freie Stunden und Tage verfügen als noch vor zwangig Jahren. Und diese Freizeit steht gerade bei den jün- geren Menschen unter dem Motto „**Fun & Fitneß**". Denken Sie jetzt nicht gleich an das Naheliegende – an die Gründung von Reisebüros oder Aerobic-Studios. Damit ist heute kaum noch Geld zu verdienen.

 Kaum bekannt ist hingegen der geradezu atemberaubende **Boom, den Musikschulen verzeichnen.** Ein Instrument zu spielen, ist heute wieder gefragt. Die Hausmusik feiert ein Comeback. Ganze Franchise-Ketten nutzen diesen Trend äußert erfolgreich. Die Musikschule Fröhlich etwa gehört zu den am stärksten expandierenden Franchisingketten in Deutschland.

 Zum Freizeitmarkt gehört auch das **Angebot ausgefallener Nahrungs- und Genußmittel.** David und Mary Gamperl aus Chicago etwa lassen jeden Monat von einer italienischen Köchin zwei Super-Pasta-Saucen „á la Mamma" kreieren und verschicken diese – hygenisch verpackt – an mittlerweile über 10.000 Fans. Der Umsatz belief sich 1997 auf sage und schreibe 3,2 Millionen Dollar.

Auch Zigarren und **edle Rauchwaren feiern ein Comeback,**
ungeachtet der Feldzüge gegen den blauen Dunst. Bedenken
Sie: Gerade in den USA, wo den Rauchern der Wind der öffentlichen Meinung besonders unangenehm ins Gesicht bläst,
berichten gehobene Zigarren- und Pfeifenläden über drastisch steigende Umsatzzahlen. Einzige Voraussetzung: **die Zigarre muß teuer
sein.** Sie gilt nämlich längst als Symbol für Erfolg und Individualismus
(ist Ihnen schon einmal aufgefallen, wie häufig mittlerweile zigarren-
rauchende Frauen in der Werbung auftauchen...?)

• **Der Ökomarkt**:

Viele vertreten die Meinung, der Ökomarkt sei längst gesättigt, das
hunderttausendste „umweltverträgliche" Produkt längst erfunden und
die potentiellen Kunden all der grünen Versprechungen allmählich
müde. Das Gegenteil ist richtig: Das **Umweltbewußtsein der Menschen** dürfte in den nächsten Jahren eher zu- als abnehmen, und zwar
ganz unabhängig von der weltanschaulichen Einstellung. Nach wie
vor gefragt ist kompetente Beratung auf dem Gebiet des innovativ-
ökologischen Bauens und der Solartechnik.

Ein entsprechend **spezialisiertes Ingenieurbüro** könnte hier
gute Geschäfte machen. Ebenso wie die beiden Berliner Un-
ternehmerinnen Carmen K. und Manuela M. Sie züchten seit
einigen Jahren im ehemaligen Ostteil der Stadt **Aquarien-
pflanzen.** Und siehe da: Sie fanden Kunden und erwirtschafteten 1997
einen Umsatz von 250.000 Mark. Damit werden sie zwar nicht wohl-
habend, aber immerhin können sie von ihren Erträgen leben.

• **Der Convenience-Markt**:

Die einen sind im Dauerstreß, die anderen lieben eher die Gemütlich-
keit. Beide sind bereit, einen angemessenen Preis zu zahlen, wenn man
sie etwas entlastet. Das betrifft sowohl Unternehmen als auch Privat-
personen. Die Chefsekretärin zum Beispiel hat in aller Regel Wichti-
geres zu tun, als zu Messezeiten in Deutschlands Metropolen stun-
denlang nach Hotelzimmern zu fahnden.

 Hotel- und Reiseexperten, die sich in der Branche auskennen und über entsprechende Kontakte verfügen, könnten diese **Organisations-Arbeit** übernehmen und gleich noch die nötigen Flüge buchen, den Transfer zum Hotel sicherstellen und sich darum kümmern, daß der Chef ein Faxgerät in seinem Hotelzimmer vorfindet. Am Convenience-Markt verdient aber auch der Pizzabote und der freundliche Herr, der die Tiefkühlkost abends ins Haus bringt.

Auf all den genannten Märkten sehen wir noch gute Chancen für Existenzgründungen. Je nachdem, wo Ihre Erfahrungen liegen oder Ihre Talente schlummern, sollten Sie gezielt nach Marktnischen suchen. Und nochmal: Hören Sie immer genau hin, was die Menschen wünschen, vermissen oder was sie nur ungern erledigen. Dort liegen Ihre Chancen.

Branchencheck

Welche Chancen bieten die einzelnen Branchen?
Bisher haben wir uns mit den allgemeinen Trends und den erfolgversprechendsten Märkten für Existenzgründer befaßt. Die nachfolgende Tabelle gibt Ihnen einen kurzen Überblick über die Zukunftsaussichten in einigen wichtigen Branchen.

Branche	Einschätzung
EDV/Internet usw.:	gut bis sehr gut im Servicebereich; mäßig bis schlecht im Handel.
Einzelhandel:	negativ; die Erlöse schrumpfen, auf den Märkten haben nur die großen Handelsunternehmen das Sagen; Erfolgsaussichten bei Spezialisierung (zum Beispiel auf Sportartikel).
Finanzdienst-Leistungen:	gut, wenn wirkliche Kompetenz vorhanden ist und faire Partner zusammenarbeiten (keine Strukturvertriebe); wachsender

	Info-Bedarf der Verbraucher (Euro, Alters-versorgung usw.).
Gastronomie/ Hotellerie:	gut, aber abhängig vom Standort; Probleme bei der Personalrekrutierung.
Gesundheit/Fitneß:	gut bis sehr gut; Markt wird weiter wachsen, aber auch die Zahl der Mitbewerber.
Handwerk:	gut bis mittelmäßig; je nach Sparte zum Teil rückläufige Betriebserlöse; Problem der Schwarzarbeit.
Medien/Informations-Management:	sehr gut bis exzellent bei entsprechender Kompetenz und Kreativität.
Produzierendes Gewerbe:	negativ für Neueinsteiger, da Produktionskosten in der Regel zu hoch (globaler Wettbewerb); Chancen bei innovativen Hightech-Produkten (zum Beispiel Medizin- und Umwelttechnik).
Verkehr:	mäßig (lukrative Segmente sind bereits besetzt); hohe Abhängigkeit von Auftraggebern, vor allem für Spediteure und Omnibus-Unternehmen.
Werbung/Marketing:	gut, da steigender Bedarf (Outsourcing von Werbeabteilungen).

Ein Kaleidoskop von Geschäftsideen

Geschäftsideen aus dem Baukasten kann es nicht geben. **Die zündende Idee** läßt sich nicht kaufen, man muß vielmehr unter Berücksichtigung seiner persönlichen Fähigkeiten und Branchenkenntnisse selbst darauf kommen. Am Ende dieses Buches stellen wir Ihnen einige Existenzgründer/innen vor, die es geschafft haben und deren Erfolgsstorys Sie ermutigen und motivieren sollen. An dieser Stelle möchten wir Ihnen aber gern schon mal vorab **einige erfolgreiche, bisweilen auch skurrile Geschäftsideen skizzieren**; Projekte, die wir für zukunftsträchtig und nachahmenswert halten – sozusagen eine kleine Sammlung zur „Appetitanregung".

Handwerker-Vermittlung

Jeder kennt das: Selbst für eine kleinere Reparatur braucht man mitunter einen Handwerker. Sei es aus eigener Ungeschicklichkeit, sei es aus Zeitmangel. Doch auf wen ist wirklich Verlaß? Wer erledigt auch Kleinaufträge zügig? Ein Anruf bei der freundlichen Handwerker-Vermittlung genügt, der Fachmann/die Fachfrau kommt schnellstens – auf Wunsch auch am Abend. Die beteiligten Handwerker wiederum profitieren von der intensiven Werbung ihres Vermittlers. Dafür zahlen sie von jedem Auftrag eine Provision.

> Ohren auf – jeder klagt, daß Handwerker schwer zu bekommen sind.

Informationsbeschaffer

Unternehmen, Freiberufler, Wissenschaftler, aber auch private Investoren braucht Informationen. Sicher: Irgendwann und irgendwo wird man immer fündig. Doch das kostet zum einen Zeit, und zum anderen muß der daraus resultierende Informations-Wust erst noch gewichtet, interpretiert und möglichst schnell und einfach nachvollziehbar aufbereitet werden. Recherche-Profis – zum Beispiel gelernte Journalisten oder ehemalige wissenschaftliche Mitarbeiter usw. – können ihre Dienste als Informationsbroker anbieten.
Der Kunde sagt, zu welchem Thema er welche Informationen benötigt – und die Info-Profis gehen sofort ans Werk. Internet, Datenbanken, Bibliotheken sowie das Wissen, wo man welche Informationen beschaffen kann, erleichtern das Geschäft. Der Kunde zahlt ein Stundenhonorar.

> Insider-Wissen. Die Suche nach einer kleinen Information schluckt wertvolle Zeit.

Service für Manager

Das Schicksal vieler Führungskräfte: Heute werden sie hier, morgen dort eingesetzt. Unzählige Male im Laufe ihres Erwerbslebens steht der Möbelwagen vor der Tür. Doch mit dem Umzug ist es bekanntlich nicht getan: Zunächst muß eine neue

Wohnung oder ein neues Haus muß gesucht. Hinzu kommen die zeit-aufwendigen Behördengänge: abmelden, anmelden, eine Schule für die Kinder suchen und, und, und.

Schön, wenn sich der Partner beziehungsweise die Partnerin um solche Dinge kümmern kann. Sind aber beide berufstätig, steht Streß ins Haus. Hilfreich und nervenschonend können dabei die Dienste eines Manager-Services sein. Seine Mitarbeiter kümmern sich im Auftrag des Kunden – also des Managers – um eine Wohnung am neuen Einsatzort (egal, ob im In- oder im Ausland), sorgen sich darum, daß zum Zeitpunkt des Einzugs wirklich alles funktioniert (bis hin zum Telefon- und Internetanschluß), übernehmen weitgehend die Behördengänge, übersetzen gegebenenfalls Meldeformulare in fremden Sprachen und bereiten ihre Kunden auf ihren neuen Einsatzort mit gezielten Informationen vor. Der Spitzenmanager läßt sich gern derart „be-muttern". Daß man ihm den Kopf für wichtigere Dinge freihält, ist ihm ein angemessenes Honorar wert.

> Aus den USA importiert: In diesem extrem mobilen Land gibt es der-artige Umzugshelfer schon seit 20 Jahren.

Frischer Fisch für schnelle Gäste

Mit kreativen, ganz auf die Bedürfnisse der Gäste zugeschnittenen Restaurants läßt sich viel Geld verdienen. Den Beweis dafür erbrachte bereits in den fünfziger Jahren ein Amerikaner namens Ray Kroc: Am 2. März 1955 gründete er ein Unternehmen, das heute im wahrsten Sinne des Wortes in aller Munde ist: McDonald's.

Solche ambitiösen Pläne hatte der ehemalige Kapitän Rolf Kohlmorgen aus Bremerhaven nicht, als er sich 1996 im schwäbischen Sindelfingen niederließ. Dem arbeitslosen Diplomnautiker ging es zunächst einmal darum, für sich selbst einen neuen Job zu finden. Die Existenzgründung erwies sich für ihn als Chance, die Erwerbslosigkeit zu überwinden.

Da es Kohlmorgen gewohnt war, mit offenen Augen durch die Welt zu gehen, machte er eines Tages, als er wieder auf Arbeitssuche war, eine bemerkenswerte Feststellung. In einem großen Gewerbegebiet am Rande der Stadt gab es nur ein Restaurant – das zur Mittagsstunde immer hoffnungslos überfüllt war. Hier sah der einstige Seemann seine Chance: Er gründete ein Fischrestaurant im Stil einer Fischbraterei mit preiswerter und schneller Küche. Restaurants dieser Art gehören im Schwabenland eher zur Ausnahme, weshalb der Gastronom auch den Neuigkeitseffekt auf seiner Seite hatte. Von unabhängiger Seite intensiv beraten, entschied sich der Ex-Kapitän für die Selbständigkeit. Und die Chancen stehen gut, daß daraus eine tragfähige und nachhaltige Vollexistenz wird.

Augen auf: Nische an einem bestimmten Standort entdecken.

Geschäftsidee „Existenzgründung"

Immer mehr Menschen interessieren sich für eine selbständige Tätigkeit. Was also liegt näher, als diesen Trend in eine Geschäftsidee umzumünzen. Besonders kreativ auf diesem Gebiet war Ansgar Keller von der Wissens- und Technologietransferstelle der Berliner Fachhochschule für Technik und Wirtschaft (FHTW). Keller wollte potentiellen Existenzgründern einen umfassenden Service „aus einer Hand" anbieten. Und dazu zählen neben Räumlichkeiten eine kompetente Beratung, wissenschaftliche Weiterbildung und die Nutzung der Infrastruktur der Fachhochschule. Auf diese Weise entstand das Existenzgründerzentrum an der FHTW Berlin, wo sich ein Jahr nach Gründung bereits 16 junge Unternehmen – vor allem aus dem High-tech-Bereich – niedergelassen hatten. Die Firmen profitieren von der Nähe zur Fachhochschule und vom ganzheitlichen Service der Einrichtung. Als Gegenleistung zahlen die Unternehmen Mieten an das Existenzgründerzentrum.

Trend aufgegriffen.

Eine Denkfabrik

Eine Firma im schweizerischen Bierl verkauft guten Rat jeder Art. Der weltweit bisher einzige Brainstore handelt Ideen quasi über die Ladentheke. Er hilft dem gestreßten Vater mit der ständig wachsenden Telefonwut seiner Tochter kreativ umzugehen (vorgeschlagene Lösung: Münzfernsprecher installieren oder Telefonate durch liebe Verwandte sponsern lassen), aber verkauft auch Ideen an Großfirmen. Nestlè, Coop und sogar Microsoft haben sich bei dem einzigartigen Unternehmen schon Anregungen geholt. Das Team des Bieler Brainstore besteht aus einer Juristin, einer Kunsthistorikerin, einem Journalisten, einem früheren Schuhverkäufer und einer Konditorin. Ideen, die jemandem schaden sollen, werden nicht entwickelt. Die Preise für die Ideen hängen von der benötigten Zeit ab. 15 Minuten von einer Person gedacht kosten 9,90 Franken.

Also: Entweder Sie machen selber einen Brainstore auf oder Sie kaufen dort ein paar gute Geschäftsideen.

Kreativ gedacht

Parkservice für Luxusrestaurants

Aus dem Land der unbegrenzten Möglichkeiten kommt die Idee eines Parkservices für Luxusrestaurants. Dort nämlich müssen Damen und Herren in Abendgarderobe und feinem Schuhwerk nicht erst drei Häuserblocks hinter sich bringen, bis sie das Restaurant Ihrer Wahl gemeinsam betreten. In den USA fährt man vor, steigt aus und läßt parken. Wenn man sein Fahrzeug benötigt, teilt man das dem Service kurz mit und kann nach einem entspannten Abend direkt vor dem Restaurant wieder in sein Auto steigen. Auch stadtunkundige Gourmets, die ihre kostbare Zeit nicht mit langem Parkplatz-Suchen in unbekannten Straßen vertun wollen, werden diesen Service zu schätzen wissen. Für das Unternehmen benötigen Sie Spitzenrestaurants, die das entsprechende Publikum haben, aber nicht genügend Parkplätze direkt am Haus zur Verfügung stellen können. Sie brauchen außderm seriöse Fahrer, einen Fachmann für die rechtliche Seite und müssen Parkplätze anmieten. In München ist ein derartiges Unternehmen im Entstehen, aber es wäre auch in anderen Großstädten mit Edelrestaurants denkbar.

Aus den USA importiert

Kinderschuhe für große Größen

 Eine Existenzgründung im Einzelhandel ist nur sinnvoll, wenn sie einen besonderen Service bieten, aber es gibt auch dort noch Marktnischen. Will man der Klage so mancher Mutter glauben schenken, so findet man im Schuhhandel nur selten gesunde und schicke Schuhe in großen Größen für Kinder und Jugendliche. Zwölfjährige Mädchen haben mittlerweile häufig Schuhgrößen über 40, Jungen über 42. Meisten sind die Füße zu schmal für Erwachsenenschuhe, abgesehen davon, daß Frauenschuhe nur selten fußgesund sind und auch vom Stil her für Mädchen nicht passen. In den USA sind die Kinderschuhkollektionen schon seit vielen Jahren für größere Füße angelegt.

Eine weitere Möglichkeit im Einzelhandel sind Fan-Shops, etwa für Trekkie- oder Star-War-Fans. Ein Laden dieser Art bedient die Fans der ganzen Region.

> Augen und Ohren auf

Zehn Tips für die Suche nach Geschäftsideen

1 Nichts ist unmöglich. Lassen Sie sich von scheinbar verrückten Ideen nicht abschrecken, sondern denken Sie ernsthaft darüber nach.

2 Haben Sie ein waches Auge auf und ein offenes Ohr für Ihre Mitmenschen: Was kaufen sie (beziehungsweise was kaufen sie nicht), was lesen sie, worüber klagen sie – und vor allem: was wünschen sie?

3 Denken Sie zunächst über Geschäftsideen und Marktnischen in jenen Branchen nach, in denen Sie sich auskennen. Denn wer über die nötigen Branchenkenntnisse sowie über entsprechende Verbindungen verfügt, tut sich bei der Umsetzung der Geschäftsidee erfahrungsgemäß erheblich leichter.

4 Setzen Sie sich niemals unter Zeitdruck. Vielleicht stoßen Sie ganz spontan auf eine lukrative Marktnische, wahrscheinlich aber müssen Sie wochen- oder monatelang recherchieren. Nehmen Sie sich also ausreichend Zeit.

5 Halten Sie alle Ideen fest. Jeder Einfall verdient es, notiert zu werden. Stöbern Sie gelegentlich in Ihrer individuellen Ideensammlung. Erst wenn Sie dabei zu der Erkenntnis gelangen, daß die eine oder andere Idee doch wenig Aussicht auf Erfolg verheißt, streichen Sie den Einfall aus Ihrer Liste.

6 Ihre Geschäftsidee sollte Ihnen persönlich zwar Spaß machen, dennoch sollten Sie sich nicht in ein Projekt „verlieben". Denn Liebe kann auch im Geschäftsleben blind machen. Bleiben Sie also auf kritischer Distanz.

7 Bleiben Sie realistisch: Die perfekteste Geschäftsidee nutzt nichts, wenn sie sich als nicht finanzierbar erweist.

8 Sprechen Sie mit Freunden und Bekannten über Ihre Pläne. Nehmen Sie deren Reaktionen nüchtern zur Kenntnis. Lassen Sie sich weder beirren noch in eine unrealistische Euphorie stürzen. Vorsicht: Schweigen Sie jedoch über Ihre Pläne gegenüber Zeitgenossen, die ebenfalls auf der Suche nach Geschäftsideen sind. Jeder zusätzliche Mitbewerber könnte Ihren Erfolg gefährden.

9 Informieren Sie sich umfassend über die Branche, in der Sie tätig werden wollen. Sammeln Sie Informationen über Ihre Mitbewerber (viele Firmenprofile können zum Beispiel gegen Gebühr über Internet abgerufen werden, zum Beispiel über genios.de). Wenn Sie nicht gerade zu den ständig von quälenden Skrupeln verfolgten Zeitgenossen gehören, bewerben Sie sich einfach bei dem einen oder anderen potentiellen Konkurrenten, falls dieser einen neuen Mitarbeiter oder eine neue Mitarbeiterin mit Ihren Qualifikationen sucht. Wenn Sie Glück haben, werden Sie zu einem Vorstellungsgespräch eingeladen. Dann können Sie unbekümmert alle Fragen stellen, die Sie interessieren. Da die Damen und Herren aus den Personalabteilungen wißbegierige Bewerber in der Regel schätzen, dürfte man kaum Arges vermuten. Und wenn doch, haben Sie es zumindest probiert.

10 Tragen Sie systematisch nachvollziehbare Argumente zusammen, die für Ihre Idee sprechen. Sammeln Sie zum Beispiel Statistiken und Zeitungsausschnitte, fordern Sie eventuelle Studien an, fragen Sie bei den Kammern (IHK oder Handwerkskammer) oder bei Ihrer Hausbank nach Branchenberichten. Je konkreter und faktenreicher Sie später Ihre Idee darstellen, desto günstiger Ihre Chancen, eine solide Finanzierung auf die Beine zu stellen.

Auf einen Blick

- Richten Sie Ihr Augenmerk auf Marktnischen. Auch auf Märkten, auf denen bereits Verdrängungswettbewerb herrscht, können Sie durchaus Chancen haben.
- Hören Sie genau hin, was die Menschen wünschen. Nutzen Sie alle Informationsquellen.
- Werten Sie systematisch die Ihnen zugänglichen Medien nach neuen Trends und Bedürfnissen aus.
- Äußerste Vorsicht bei obskuren Kleinanzeigen, die Ihnen sagenhafte Gewinne verheißen.
- Fachmagazine können Ihnen wertvolle Anregungen bieten. Aber bedenken Sie: Ist eine Geschäftsidee erst einmal publiziert, wird sie von vielen nachgeahmt.
- Beurteilen Sie Ihre Geschäftsidee immer zukunftsbezogen. Entspricht Ihr Angebot einem Zukunftstrend?

Alternative Formen der Existenzgründung

Wer sich auf die Suche nach einer Geschäftsidee begibt, denkt an eine sogenannte „**Start-up-Gründung**". Das heißt, er will seine Idee umsetzen, indem er komplett ein neues Unternehmen aufbaut. Gerade in den vergangenen Jahren rückten jedoch – wie eingangs bereits erwähnt – verstärkt alternative Varianten der Existenzgründung in den Vordergrund. Drei Möglichkeiten wollen wir Ihnen auf den nachfolgenden Seiten vorstellen, bevor wir uns dann im nächsten Kapitel intensiver mit den **Vor- und Nachteilen des Franchising** auseinandersetzen.

Spin-offs: Wenn Abteilungen zu Unternehmen werden

Braucht ein Unternehmen eigentlich eine eigene Datenverarbeitung mit festangestellten Mitarbeitern? Erscheint die Arbeit der Personalabteilung nicht reichlich ineffizient, ja sogar verkrustet? Wäre es **nicht wesentlich günstiger, den Einkauf an eine Einkaufs-Kooperative zu delegieren?** Und macht die externe Werbeagentur nicht einen sehr viel spritzigeren Eindruck als die festangestellten Kreativen im eigenen Haus...?

Es sind Überlegungen wie diese, die in den vergangenen Jahren den Trend hin zum **Outsourcing** verstärkten. Im Klartext: Firmen lagern ganze Abteilungen aus und überführen sie in neugegründete Unternehmen. In der Regel sind es ehemalige Mitarbeiter, die diese Betriebe aus der Taufe heben, sich an ihnen beteiligen und die Geschäftsführung übernehmen. **Auf den ersten Blick ein für beide Seiten vorteilhaftes Modell: Der „Outsourcer"** (also jenes Unternehmen, das einzelne Abteilungen ausgliedert) konzentriert sich auf das Kerngeschäft, beugt Verkrustungen vor und spart Kosten. Der Spin-off-Gründer wiederum braucht weder eine Geschäftsidee noch eine bestimmte Zahl von Erstkunden. Immerhin wird er von seinem ehemaligen Arbeitgeber mit Aufträgen versorgt.

> Der Nachteil von Spin-off-Gründungen liegt vor allem in dem hohen Maß an Abhängigkeit des Jungunternehmers von seinem Hauptauftraggeber. Nicht von ungefähr entpuppt sich mancher Spin-off bei Licht betrachtet als eine Form der Schein-Selbständigkeit.

MBO/MBI: Vom Manager zum Unternehmer

Management-buy-out (MBO) beziehungsweise Management-buy-in (MBI) möchten wir Ihnen an dieser Stelle nur aus Gründen der Vollständigkeit vorstellen, denn für die meisten Existenzgründer kommt weder das eine noch das andere in Betracht. Im Unterschied zu Spin-offs werden nicht Teile des Unternehmens ausgegliedert, vielmehr verkauft der bisherige Eigentümer seine Firma komplett an eine Führungskraft – zum Beispiel an seinen bisherigen Geschäftsführer (MBO). Im Fall eines MBI übernimmt ein bis dahin **externer Manager** das Unternehmen.

MBO und MBI gewannen in den letzten Jahren insofern an Bedeutung, als über vielen mittelständischen Betrieben das Damoklesschwert ungeklärter Nachfolgefragen schwebt. Die bisherigen Inhaber erreichen ein Alter, in dem sie sich eigentlich zurückziehen möchten, um noch ein paar Jahre die Früchte ihrer Arbeit genießen zu können. Das ist kein Problem, wenn ein Sohn oder eine Tochter bereitsteht und die Firma übernimmt. In vielen Fällen indessen läßt sich das Nachfolgeproblem auf diese „natürliche" Weise nicht lösen – sei es, weil es keine Kinder gibt, sei es, weil Sohn oder Tochter kein Interesse haben. In solchen Fällen kann vor allem ein MBO eine Lösung darstellen. Denn wenn zum Beispiel der Geschäftsführer mit langjährigen Insiderkenntnissen und Führungserfahrung das Unternehmen übernimmt, ist normalerweise ein relativ reibungsloser Übergang sichergestellt.

Tip

Nachfolgerfragen

Nachfolgerfragen werden in mittelständischen Betrieben zunehmend zum Problem. MBO/MBI ist eine immer interessanter werdende Möglichkeit der Existenzgründung

MBO und MBI sind sehr anspruchsvolle und kostspielige Gründungsvarianten. Immerhin muß der angehende Jungunternehmer eine kom-
plette Firma übernehmen. Und nicht nur das. Er trägt ab sofort auch
die Verantwortung für eine große Zahl von Mitarbeiter/innen.

Die Beteiligung

Angehenden Jungunternehmern bietet sich schließlich die Chance,
sich an einem bereits bestehenden Unternehmen zu beteiligen und **sowohl ihr Know-how als auch Kapital einzubringen.** Dabei gilt es
natürlich, die wirtschaftliche Situation des ins Auge gefaßten Unternehmens sorgfältig unter die Lupe zu nehmen. Nicht zuletzt sollte die
Frage der persönlichen Haftung des neuen Partners mit einem ver-
sierten Fachmann (Rechtsanwalt und Steuerberater) besprochen werden.

Auf einen Blick

• Nicht jeder Gründer braucht eine Geschäftsidee. Alternative Konzepte
  sind Spin-offs sowie Management-buy-out (MBO) und Management-
  buy-in (MBI).

Franchising – Selbständig ohne Geschäftsidee

Tip

Das volle unternehmerische Risiko

ist auch bei Franchise-Unternehmen gegeben. Es handelt sich nicht – wie oft fälschlich angenommen – um „Selbständigkeit mit beschränkter Haftung".

Das Prinzip klingt ebenso einfach wie bestechend: Der potentielle Existenzgründer zerbricht sich nicht seinen Kopf bei der Suche nach einer zündenden, lukrativen Geschäftsidee, braucht sich – nachdem er fündig geworden ist – nicht um Einkauf, Marketing oder Vertriebskonzepte zu kümmern, vielmehr stürzt er sich mitten hinein in das Abenteuer Selbständigkeit. **Er setzt auf ein bereits mehrfach erfolgreich erprobtes Konzept** und profitiert vom Know-how eines erfahrenen Partners.

„Franchising" lautet das Stichwort für solche Formen des unternehmerischen Katapultstarts. Experten bezeichnen diese in den USA entwickelte und mittlerweile auch in Europa weitverbreitete Methode als „Existenzgründung nach dem Baukastenprinzip". Eine durchaus zutreffende Charakterisierung. Ganz im Gegensatz zu der häufig anzutreffenden Meinung, Franchising ermögliche sozusagen eine Art „Selbständigkeit mit beschränkter Haftung". Dies nämlich ist **eine gefährliche Fehleinschätzung**, denn selbstverständlich trägt auch ein Franchise-Nehmer das **volle unternehmerische Risiko**.

Wie Franchising funktioniert

Die Namen sind dem Verbraucher bestens bekannt: Obi, Eismann, Foto Quelle, Aufina, Foto Porst und natürlich McDonald's – um nur einige prominente Beispiele zu nennen. Nur wenige wissen jedoch, daß hinter diesen bekannten Firmennamen **große Franchise-Systeme** stehen. Heimwerker, die etwa bei Obi einkaufen, finden das gleiche standardisierte Angebot, ganz egal, ob sie nun eine Niederlassung in Nord-, Süd- oder Ostdeutschland aufsuchen. Und die Hamburger von McDonald's schmecken in jedem dieser Schnellrestaurants gleich. Dennoch handelt es sich jeweils um eigenständige Unternehmen, **die auf eigene Rechnung arbeiten.**

Voraussetzung für ein Franchise-System ist ein standardisiertes, überall verkaufbares Produkt, beziehungsweise eine entsprechende Dienstleistung. Die Palette von Möglichkeiten könnte bunter nicht sein. Sie reicht von den angesprochenen Hamburgern über Haustüren und Bräunungsstudios bis hin zu Autowaschstraßen und Schüler-Nachhilfe.

In jüngster Zeit **gewinnt Franchising auch im Handwerk** an Bedeutung. Der angehende Franchise-Geber wird – sofern er Wert auf Seriosität legt – zunächst die Marktfähigkeit seines Produktes oder seiner Dienstleistung testen. Konkret: Besteht überhaupt eine Nachfrage, welchen spezifischen Zusatzservice wünschen die Kunden, welcher Preis erscheint marktgerecht, welche Expansionschancen bestehen? In dieser Testphase wird der Franchise-Geber in spe zunächst in eigener Regie Pilot-Unternehmen gründen, die seine Produkte oder Dienstleistungen vertreiben. Erweist sich die Geschäftsidee in dieser Testphase als erfolgreich, so gilt es, die gesammelten Erkenntnisse soweit zu standardisieren, daß sich daraus ein „Know-how-Paket" schnüren läßt, mit dessen Hilfe auch andere Unternehmer an anderen Standorten dieses Geschäft erfolgreich betreiben können.

Der Franchise-Nehmer **kopiert also eine an anderer Stelle erfolgreich erprobte Geschäftsidee.** Handelt es sich um ein bereits eingeführtes System, so profitiert der Franchise-Nehmer – der den einheitlichen Firmennamen führen muß – vom hohen Bekanntheitsgrad und im Idealfall vom guten Ruf des Unternehmens. Wer sich für einen Alleingang in die berufliche Selbständigkeit entscheidet, braucht häufig Jahre, um seinen Namen bekannt zu machen und sich ein gutes Image aufzubauen. Beides bekommt ein Franchise-Nehmer im Idealfall gleichsam frei Haus geliefert.

Mehr noch: Als Mitglied eines Franchise-Systems profitiert der Selbständige von der **flächendeckenden Werbung, der Öffentlichkeitsarbeit** und mitunter sogar von den **Sponsoring-Aktivitäten** seiner Franchise-Geber. Er muß sich zudem nicht um Konzepte und Verträge kümmern, denn auch diese erhält er von seinem System-Geber, der bei Fehlern oder Vertragslücken weiterhilft.

Für all diese Vorteile muß der Franchise-Nehmer allerdings einen gleich **doppelten Preis** zahlen:

1. **Er verpflichtet sich,** ausschließlich die Produkte und Dienstleistungen seines System-Gebers zu vermarkten. Überdies muß er die strengen Auflagen und Richtlinien der Franchise-Kette akzeptieren.

Freiräume für eigene unternehmerische Kreativität bleiben kaum. Anders ausgedrückt: Obwohl in wirtschaftlichem Sinne selbständig, arbeitet ein Franchise-Nehmer doch in hohem Maße fremdbestimmt. Wer gegen die Regeln verstößt, muß mit einer Kündigung des Franchise-Vertrags rechnen.

2. Natürlich gibt es das Praxis-Know-how des Franchise-Gebers nicht sozusagen gegen eine geringe „Schutzgebühr". Vielmehr muß der Franchise-Nehmer neben einer häufig recht beachtlichen Einstiegsprämie **eine laufende, umsatzabhängige Gebühr** entrichten. Hinzu kommt mitunter noch eine Vielzahl weiterer Kosten, zum Beispiel für die gemeinsame Werbung oder die Weiterbildung der Franchise-Nehmer und deren Mitarbeiter.

Den größten Kostenfaktor stellen indessen **die erforderlichen Investitionen** dar. Denn natürlich muß der Franchise-Nehmer die notwendigen Voraussetzungen schaffen, bevor er seine Produkte oder Dienstleistungen angemessen vermarkten kann. Er braucht also zum Beispiel Verkaufs- oder Beratungsräume. Für diesen Aufwand kann der Existenzgründer jedoch Förderprogramme in Anspruch nehmen, wie sie im folgenden ausführlich beschrieben sind.

Die Gleichung „Niedriger Umsatz = geringe Gebühren an den Franchise-Geber" geht nicht auf. In der Regel muß der Franchise-Nehmer nämlich einen Mindestumsatz erbringen. Gelingt ihm das nicht, bekommt er schon sehr bald Probleme mit seinem System-Geber.

Mit welchen Beträgen müssen Sie rechnen?

Grau ist alle Theorie. Nehmen wir deshalb einige bekannte Franchise-Systeme etwas genauer unter die Lupe, um ganz konkret zu ermitteln, mit welchen Anfangsinvestitionen beziehungsweise Folgekosten Sie als angehender Franchise-Nehmer rechnen müssen. Wie bereits ausgeführt, sollten Sie von **vier Kostenblöcken** ausgehen:

1. Einstiegsgebühren
2. Umsatzbeteiligung des System-Gebers
3. Anfangsinvestitionen sowie
4. Nebenkosten (zum Beispiel für Werbung).

Manche Franchise-Systeme verzichten auf Werbegebühren, was aus Sicht des Franchise-Nehmers zunächst einmal günstig erscheint. Dafür ist dann allerdings **oftmals die Umsatzbeteiligung des System-Gebers** entsprechend höher oder aber die kollektive Werbung fällt entsprechend mager aus, was ebenfalls nicht im Interesse des Franchise-Nehmers liegen kann.

Franchise-Geber	Einstiegs-gebühr	Investitions-summe	Laufende Gebühr	Werbe-gebühr
OBI	40.000 DM	1.000.000 DM	2,5 %	0,25 %
Eismann	20.000 DM	10.000 DM	6 %	keine
Quick-Schuh	3.000 DM	300.000 DM	0,75 %	1,5 %
„Vom Fass"	12.000 DM	115.000 DM	5 %	Keine

Stand:Frühjahr 1998/Angaben ohne Gewähr   *Quelle: „CHEF special", 1-98*

> Für die Höhe der Kosten gilt generell: Je besser die Erfolgsaussichten, desto höher die Einstiegspreise sowie die laufenden Kosten.

Auch auf dem Franchise-Markt gilt schließlich das **Prinzip von Angebot und Nachfrage.** Hinzu kommt, daß bei besonders erfolgreichen und bekannten Franchise-Gebern in manchen Regionen Wartelisten bestehen. Schließlich können in einer Stadt nicht beliebig viele Firmen oder Läden derselben Franchise-Kette aus der Taufe gehoben werden, ohne die Gefahr des „Kannibalismus" zu riskieren.

77

Nur zum Vergleich: Wer sich mit dem Gedanken trägt, Franchise-Nehmer bei McDonald's zu werden, muß schon sehr tief in die Tasche greifen. Die erforderliche Investitionssumme liegt weit über einer Million DM, als Einstiegsgebühren werden 90.000 DM berechnet, und von jeder Mark Umsatz zahlt der Franchise-Nehmer fünf Pfennig Beteiligung und fünf Pfennig Werbegebühr an seinen System-Geber. Dafür profitiert der Franchise-Nehmer von dem international bekannten Namen dieser Restaurant-Kette sowie von deren breitangelegter und äußerst innovativer Werbung.

Fragen Sie unbedingt nach weiteren, „versteckten" Gebühren. Der Phantasie mancher System-Geber sind bisweilen keine Grenzen gesetzt. Die einen verlangen für die obligatorischen Schulungen ihrer Franchise-Nehmer zusätzliche Beiträge, andere erheben „Bearbeitungsgebühren" für jede Serviceleistung.

Welche Vorteile hat der Franchise-Geber?

Die Tendenz für Franchising

Tip in der BRD ist steigend. 1977 stellte diese Branche nicht weniger als 260.000 Arbeitsplätze.

Es läßt sich kaum übersehen: **Die Franchise-Branche boomt** – nicht nur in der Bundesrepublik, sondern auch in den europäischen Nachbarstaaten, wenngleich die gesetzlichen Rahmenbedingungen selbst innerhalb der Europäischen Union noch nicht harmonisiert sind. Da kann es nicht überraschen, daß Franchising längst einen Wirtschaftsfaktor von erheblicher Bedeutung darstellt. Im Jahr 1997 gab es allein in der Bundesrepublik 25.000 Franchise-Nehmer. Die Franchise-Branche stellte im selben Jahr nicht weniger als 260.000 Arbeitsplätze. Insgesamt erwirtschaftete sie Außenumsätze in Höhe von rund 26 Milliarden DM. **Tendenz: weiter steigend.**

Der Hauptgrund für diese bemerkenswerte Expansion liegt sicher darin, daß ein Franchise-Geber auf diese Weise **mit relativ geringem Einsatz gutes Geld verdienen kann.** Seinem Charakter nach ist Franchising nicht etwa primär eine Methode zur Förderung der beruflichen

Selbständigkeit, sondern eine besonders kostengünstige Form des Vertriebs.

Grundsätzlich hat ein Unternehmen **fünf Möglichkeiten**, seine Produkte überregional zu vermarkten. Zur Auswahl stehen folgende Alternativen:

Möglichkeiten, Produkte überregional zu vermarkten:
1. Aufbau eines (teuren) Filialnetzes mit eigenen Angestellten (Beispiel: Banken)
2. Zusammenarbeit mit Vertragshändlern (Beispiel: Autohändler)
3. Mail-order-Geschäfte: Die Ware wird per Post, Telefon oder im Online-Verfahren bestellt und frei Haus geliefert (Beispiel: Versandhäuser)
4. Ambulanter Handel (Beispiel: „Bäckerei auf Rädern")
5. Franchising

Wo liegen aus Sicht des Unternehmens nun **die Vorteile des Franchise-Systems?** Vor allem drei Aspekte sprechen für diese Vertriebsform:

→ Erstens **spart** das Unternehmen – im Gegensatz etwa zur Filiallösung – **Personalkosten.** Franchise-Nehmer sind selbständige Unternehmer, für die weder Löhne und Gehälter noch Sozialversicherungsbeiträge gezahlt werden müssen.

→ Zweitens: Der Franchise-Nehmer **kennt den lokalen oder regionalen Markt sehr genau.** Er weiß, was seine Kunden wünschen und kann entsprechend reagieren. Mit anderen Worten: Die Vorteile einer zentralen Struktur (Franchise-Geber) verbinden sich mit jenen einer dezentralen Struktur (Franchise-Nehmer).

→ Drittens: Der **Franchise-Geber kann rasch expandieren,** ohne dafür erhebliche Summen investieren zu müssen.

Obwohl Franchise-Nehmer – wie gesagt – als selbständige Unternehmer fungieren, haben die System-Geber dennoch starken Einfluß auf sie. Die Standardisierung geht dabei soweit, daß der Kunde normalerweise nicht unterscheiden kann, ob es sich nun um ein Franchise- oder um ein Filialsystem handelt.

Der Franchise-Geber verringert mit der Wahl dieser Vertriebsform sein wirtschaftliches Risiko und verlagert es zum großen Teil auf seine Franchise-Nehmer. Dagegen ist prinzipiell nichts einzuwenden, immerhin erhalten die Franchise-Nehmer dafür einen angemessenen Anteil an den Erträgen. Als Gegenleistung akzeptieren sie aber ein wirtschaftliches Risiko. Darüber sollte man sich absolut im klaren sein: Franchising ist keine Selbständigkeit ohne Risiko! Nüchtern betrachtet, ist ein Franchise-Nehmer sogar einem doppelten Risiko ausgesetzt: Zum einen kann er an einen schlechten System-Geber geraten, dem es nur darum geht, „die schnelle Mark" zu verdienen. Zum anderen weiß der angehende Franchise-Nehmer nie mit letzter Sicherheit, ob in seiner Region auch tatsächlich eine Nachfrage nach den angebotenen Produkten oder Dienstleistungen besteht.

Chancen und Risiken des Franchising

Keine Frage, in der Franchising-Branche wird so manche Erfolgsgeschichte geschrieben. Dazu gehört zum Beispiel die von Anja Teitscheid, die 1998 zur „**Franchise-Nehmerin des Jahres**" gekürt wurde. Die außerordentlich geschäftstüchtige Dame war gerade 24 Jahre jung, als sie einen Schritt wagte, zu dem sich andere ihr ganzes Leben nicht trauen: Anja Teitscheid machte sich selbständig und eröffnete als Partnerin eines Franchise-Systems einen Teeladen. Ein Fachgeschäft, in dem die Freunde dieses aromatischen Getränks voll auf ihre Kosten kommen sollten. Heute ist die Jungunternehmerin immer noch unter 30, und ihr Laden avancierte unter die „Top ten" der gesamten Franchise-Kette.

Schwarze Schafe

Tip wittern auch in Franchise-Geschäften bisweilen das schnelle Geld und verkaufen unerprobte, ja nicht einmal marktfähige Produkte an arglose Existenzgründer, die dann damit Baden gehen.

Nicht immer indessen geraten die Biographien von Franchise-Nehmern zu Erfolgsstorys. **Bisweilen drohen auch wirtschaftliche Abstürze.** Sei es, weil es dem jungen Selbständigen an unternehmerischem Denken mangelt, sei es, weil er einfach in ein schlechtes Franchise-System geraten ist, oder aber, weil schlicht die Marktsituation zu optimistisch eingeschätzt wurde.

Tatsächlich wittern immer mal wieder „schwarze Schafe" das schnelle Geschäft und verkaufen unerprobte, ja nicht einmal marktfähige Produkte oder Dienstleistungen an arglose Franchise-Nehmer. „Sicher gibt es Leute, die andere arbeiten lassen und hoffen, das große Geld zu verdienen, ohne dafür viel tun zu zu müssen", meint Udo Floto, Präsident des Deutschen Franchise-Verbandes (DFV) und Chef der Eismann-Gruppe. Kritiker sehen in einem Franchise-Verhältnis überdies zumindest die latente Gefahr einer **Scheinselbständigkeit,** das heißt, eines Arbeitsverhältnisses, das als vermeintliche Selbständigkeit getarnt ist, um sozialrechtliche Vorschriften zu umgehen. Die Bundesländer Hessen und Nordrhein-Westfalen warfen in der Vergangenheit offen die Frage auf, inwieweit Franchising nicht in einen Zusammenhang mit Scheinselbständigkeit gestellt werden müsse.

Die Diskussion litt dabei etwas **unter mangelnder Differenzierung.** Gerade in der Franchise-Branche ist es nämlich notwendig, die Spreu vom Weizen zu trennen. Jedenfalls wäre es unangemessen und ökonomisch unsinnig, das gesamte Franchise-System wegen der fragwürdigen Methoden einiger dubioser Unternehmen in ein schräges Licht zu setzen.

Sicherlich geht von „schwarzen Schafen" aber ein nicht zu unterschätzender Negativeffekt aus. Der Deutsche Franchise-Verband in München, der in Abstimmung mit der EU-Kommission einen **Europäischen Ehrenkodex für Franchising** ausgearbeitet hat, stellt klipp und klar fest, es gebe nur gute oder schlechte Franchise-Geber, also solche, „die ihr Produktversprechen einer dauerhaften und lukrativen Franchise-Existenz erfüllen oder nicht". Der derzeitige Boom, warnt der Verband, verleite so manchen System-Geber dazu, mit dem „schnellen Geld" oder der „Selbständigkeit ohne Risiko" zu werben. Dies erweise sich für viel Franchise-Nehmer **als der sichere Weg in die Pleite.**

> **Einen europäischen Ehrenkodex für Franchising**
>
> hat der Deutsche Franchise-Verband in München ausgearbeitet, damit die seriösen sich von den unseriösen Unternehmen abgrenzen können.
>
> **Tip**

Worauf Sie achten sollten

Die **Mitgliedschaft eines Unternehmens im Deutschen-Franchise-Verband** bürgt im allgemeinen für Qualität und Seriosität. Denn nur solche Unternehmen haben eine Chance auf Verbandszugehörigkeit, die ihre Verträge prüfen lassen sowie den erwähnten Ehrenkodex des Verbandes akzeptieren. Erst nach zwei Jahren ist dann eine Vollmitgliedschaft möglich.

Als **alleiniges Entscheidungskriterium** indessen kann die Verbandsmitgliedschaft nicht gelten. In der von der Bonner Fachzeitschrift „Chef special" zusammengestellten Liste der besten Franchise-Unternehmen des Jahres 1998 sind zum Beispiel zahlreiche System-Geber aufgeführt, die nicht dem Verband angehören, deren Erfolg und Seriosität aber außer Frage stehen. Dazu gehören so renommierte Unternehmen wie Apollo-Optik, der Vergölst-Reifendienst oder auch die Care Company (ambulanter Pflegedienst).

Die Verbandszugehörigkeit kann nur **einen** Aspekt im Bewertungsraster darstellen. Sie sollten auch bei anderen Quellen Informationen über den oder die betreffenden Franchise-Geber einholen (zum Beispiel bei Banken oder unabhängigen Unternehmensberatern). Seriöse System-Geber haben zudem kein Problem damit, Referenzen zu nennen, also die Namen bereits am Markt befindlicher Franchise-Nehmer, mit denen Sie sprechen können.

Tip

Das Handbuch

ist das Herzstück einer Franchise-Kette. Seriöse Franchise-Geber gestatten ihren potentiellen Partnern normalerweise zumindest, das Inhaltsverzeichnis des Handbuchs einzusehen. Auf diese Weise erhalten Sie eine grobe Orientierung dessen, was der Inhalt erwarten läßt.

Entscheidend ist jedoch, daß Sie niemals „die Katze im Sack" kaufen. Der wirkliche Wert eines Franchise-Systems zeigt sich im **Handbuch,** in dem das gesamte Know-how enthalten ist. Es wird dem Franchise-Nehmer ausgehändigt, sobald er den Vertrag unterschrieben hat. Tatsächlich handelt es sich dabei um den eigentlichen Schatz eines Franchise-Gebers. Und wer gibt schon einen Schatz freiwillig aus der

Hand? Sie können deshalb nicht erwarten, daß Ihnen der System-Geber schon vorab mal einen Blick in das Handbuch gestattet. Unternehmen, die dem Deutschen-Franchise-Verband als Vollmitglieder angehören, müssen jedoch dem Verband das Handbuch zur Prüfung vorlegen.

Vorsicht ist vor allem angebracht, wenn das Franchise-Unternehmen erst seit kurzem auf dem Markt ist. Sehr schnell geraten Franchise-Nehmer dann in die Rolle von Versuchskaninchen. Als Faustregel gilt: **Ein Franchise-Geber sollte mindestens seit zwei Jahren mit nachweisbaren Erfolgen am Markt sein.**

Außerdem empfiehlt es sich, ein Franchise-Angebot ebenso kritisch zu prüfen wie eine eigene Geschäftsidee. Konkret: Weist das Produkt/die Dienstleistung des Systems einen klar erkennbaren Wettbewerbsvorteil gegenüber den Konkurrenten auf? Ist der Franchise-Geber in der Lage, nachvollziehbar die Gründe darzulegen, weshalb ausgerechnet sein System zu einer Existenzgründung geeignet erscheint? Diese Fragen lassen sich nur mit Hilfe unbestechlicher Zahlen und Fakten beantworten. **Fragen Sie nach aktuellen Marktanalysen**, Angaben über die laufenden Werbe- und Marketingaktivitäten sowie über geplante Verkaufsschulungen für die Mitarbeiter des Franchise-Nehmers.

Weiß der Franchise-Geber selbst nicht so recht, woher eigentlich sein Erfolg rührt, oder hütet er seine Erfolgsgeheimnisse wie den eigenen Augapfel, dann ist Vorsicht angebracht. Franchising funktioniert nur bei guter Partnerschaft. Deshalb sollten Sie die klare Frage stellen, was das Franchise-Unternehmen detailliert unternimmt, um seine Partner auch nach Vertragsabschluß optimal zu unterstützen.

Außerdem empfiehlt es sich, **vorab folgende Punkte zu klären:**

83

Checkliste: Was taugt das Franchise-Angebot?

1. Ist der Franchise-Geber bereit, seine Bilanzen und Jahresberichte offenzulegen? Existiert ein Firmenleitbild?

2. Wie hoch ist die nachweisbare durchschnittliche Rendite der bereits am Markt befindlichen Franchise-Nehmer?

3. Welche zusätzlichen Leistungen bietet der System-Geber an (zum Beispiel Aus- und Weiterbildung, Betreuungsmodule in der Zentrale, die den Franchise-Nehmern mit Rat und Tat zur Seite stehen, überregionale Kollektivwerbung).

4. Betreibt der System-Geber neben der „klassischen" Werbung auch professionelle Öffentlichkeitsarbeit?

5. Wird dem Franchise-Nehmer Gebietsschutz eingeräumt?

6. Ist der Franchise-Nehmer verpflichtet, der Zentrale bestimmte Waren abzunehmen und diese vorzufinanzieren?

7. Erscheint die Vertragsdauer fair (Vorsicht bei kurzen Laufzeiten von unter zehn Jahren)?

8. Welche Möglichkeiten bestehen, nach Ablauf der Vertragsdauer die Geschäftsbeziehungen fortzusetzen? Werden in diesem Fall erneut Einstiegsgebühren fällig?

Wo Sie sich informieren können

Erste Anlaufstelle für Informationen zum Thema Franchising ist der *Deutsche Franchise-Verband (Paul-Heyse-Straße 33-35, 80336 München, Telefon 089/535027, Fax 531323)*. Hinter ihm stehen zwar die großen Franchise-Unternehmen und deren Interessen, doch ist man bestrebt, objektiv zu informieren. Denn natürlich muß dem Verband daran gelegen sein, das Image der Branche nicht durch „schwarze Schafe" oder betrogene Franchise-Nehmer ankratzen zu lassen.

Unter der Adresse www.franchising-net.de können Sie sich nützliche Informationen zum Thema auch aus dem Internet abrufen. Dort erhalten Sie zudem einen kostenlosen Online-Newsletter, der Sie regelmäßig über die aktuellen Trends auf dem Franchising-Markt informiert.

Wer im Streitfall auf kompetenten Beistand vertrauen möchte, sollte sich mit dem *Schutzverein der Franchise-Nehmer* in Frankfurt in Verbindung setzen *(Telefon: 069-97554302)*. Dort unterstützt man „Einsteiger" bei der Auswahl des richtigen System-Gebers sowie bei der unternehmerischen Umsetzung des Projekts. Auf diese Weise läßt sich zum Beispiel die Gefahr gefährlicher Vertragsfallen minimieren.

Allerdings: Die Mitgliedschaft im Frankfurter Schutzverein ist mit rund 1000 DM pro Monat (Stand 1998) nicht gerade preiswert.

Auf einen Blick

- Franchising bietet Ihnen den Vorteil, gleich mit einer am Markt bewährten Geschäftsidee in die Selbständigkeit starten zu können.
- Als Franchise-Nehmer brauchen Sie sich in der Regel um Einkaufsquellen, Lizenzen, den Vertrieb sowie das Marketing nicht zu kümmern. All dies erledigt der System-Geber.
- Der Franchise-Nehmer muß sich freilich im klaren sein, daß er nur bedingt selbständig handelt. Er ist sehr eng mit seinem System-Geber verbunden. Raum zur Durchsetzung eigener Ideen bleibt kaum.
- Die erforderlichen Investitionssummen sowie die Franchise-Gebühren divergieren erheblich. Fragen Sie nach den „versteckten Kosten".
- Vorsicht bei „schwarzen Schafen". Erkundigen Sie sich zuvor genau über Ihren potentiellen Partner (Quellen: Franchising-Verband, Banken, Presseveröffentlichungen usw.)
- Franchising minimiert das Risiko eines Selbständigen. Unternehmerische Restrisiken bleiben indessen bestehen.
- Auch bei Existenzgründungen im Franchise-Bereich besteht die Möglichkeit der finanziellen Förderung (sprechen Sie mit Ihrer Bank beziehungsweise der *Deutschen Ausgleichsbank* in Bonn, *Telefon 0228/8310).*

Die weiteren Schritte: Den Markt für die Geschäftsidee durchleuchten

Sie haben eine Idee für Ihre Selbständigkeit gefunden und sind ebenso glücklich wie zuversichtlich. Bevor Sie sich jetzt in einen Strudel von Aktivitäten stürzen, **sollten Sie prüfen, ob die Idee wirklich so gut ist, wie Sie glauben.** Der ultimative Test für eine Idee ist immer der Kunde, denn wo kein Kunde, da ist auch kein Geschäft.
Stellen Sie sich also **folgende Fragen:**

- Wer sind meine Kunden?
- Warum sollten sie mein Produkt kaufen?
- Wie erreiche ich meine Kunden?
- Wo erreiche ich meine Kunden?

> Unternehmer sollten in Ihren Kunden immer die Repräsentanten des Marktes sehen. Sie allein sind die „Schiedsrichter", die darüber befinden, ob eine Idee wirklich marktfähig ist.

Kundenanalyse – der erste Schritt zum Erfolg

Um Ihren Kundenkreis zu bestimmen, ist es nötig, daß Sie nicht nur wissen, ob Sie an den Endverbraucher oder einen kleinen, eng begrenzten Kundenkreis verkaufen, sondern auch, welche gemeinsamen Eigenschaften Ihre Kunden haben und was sie von Ihrem Produkt und von Ihrer Firma erwarten. Unsere Checkliste hilft Ihnen dabei, ihren Kunden zu bestimmen.

Checkliste: Kundenanalyse

Mein Kunde ist
- der Endverbraucher ☐
- eine Branche des produzierenden Gewerbes ☐
- die Dienstleistungsbranche ☐
- ein sehr kleines Spezial-Segment ☐
- die öffentliche Hand ☐

Meine Kunden haben folgende Merkmale:
- sie sind jung ❐
- sie sind schon älter, ab 50 aufwärts ❐
- sie haben Familie ❐
- sie sind Mittelständler ❐
- sie sind Praktiker ❐
- sie sind hauptsächlich männlich ❐
- sie sind Spezialisten, die sich auskennen ❐
- sie haben einen hohen Bildungsstand ❐
- sie sind exportorientiert ❐
- es handelt sich um Kleinunternehmen ❐
- es handelt sich um Großunternehmen ❐

Meine Kunden erwarten von meinem Produkt
- Perfektion ❐
- eine lange Lebensdauer ❐
- einen Neuigkeitswert ❐
- Sicherheit und Zuverlässigkeit ❐
- Abwechslung ❐
- Handhabbarkeit ❐
- technische Innovation ❐

Meine Kunden erwarten von meinem Unternehmen
- pünktliche Lieferung ❐
- Flexibilität in Bezug auf Sonderwünsche ❐
- schnellen Service ❐
- gute Qualität ❐

Sie sehen schon an der Vielzahl der Möglichkeiten, daß Kunde nicht gleich Kunde ist. **Doch nur wenn Sie Ihre Kunden kennen, können Sie Ihr Produkt richtig konzipieren und vermarkten.** Der gravierendste Unterschied zwischen Kunde und Kunde ist in der Regel der zwischen dem Endverbraucher und einem begrenzten Kundenkreis aus der Wirtschaft. Daran orientieren sich auch Marketing und Vertrieb.

Eine Rolle spielt zusätzlich die Frage, ob Sie ein produzierendes Unternehmen, ein Unternehmen der Dienstleistungsbranche oder ein Handelsbetrieb sind.

Wir zeigen Ihnen an zwei Beispielen, wie unterschiedlich die Kunden-
erwartungen sein können.

Kundenmerkmale	Erwartungen an Produkt und Unternehmen
Beispiel 1 • Endverbraucher • Gut ausgebildet/kritisch • Zwischen 30 und 50 Jahre alt • Familienorientiert	• Qualität und Servicefreund-lichkeit • Langlebig • Sicher und kinderfreundlich • Umweltfreundlich • Preisgünstig
Beispiel 2 • Industriebetrieb • Mittelständisch • Qualitätsbewußt • Technisch hoch entwickelt • Flexibel • Durch den Eigentümer geführt	• Schneller und zuverlässiger Service • Sehr gute Qualität • Ausgezeichnetes technisches Know-how • Preisgünstig • Pünktliche Lieferung • Flexibilität, Kundenorientie-rung • Persönliche Beziehung • Kenntnis der Branche und der Konkurrenten

Erstellen Sie für Ihre potentiellen Kunden **ebenfalls eine solche Liste**,
in der Sie die **Kundenmerkmale und die Erwartungen der Kunden** an
Produkt und Unternehmen aufführen.

Damit haben Sie nicht nur ein Kundenprofil entworfen, sondern sich
gleichzeitig wertvolle Hinweise **für Ihre Marketingstrategie** erworben. Wie Sie werben und mit welchen Mitteln erfahren Sie ausführlich
im vorletzten Kapitel dieses Buches.

Machen Sie sich lieber einmal zu viel als einmal zu wenig Gedanken über Ihre Kunden und deren Wünsche. Der Kunde ist derjenige, der den Erfolg Ihres Unternehmens in letzter Instanz bestimmt. Öffentlichkeitsarbeit Ihres Unternehmens, Marketing, Werbung und Vertrieb – Ihre gesamte Strategie muß sich am Kunden orientieren. Kundenorientierung hat längst die Produktorientierung abgelöst.

Welche Kriterien beeinflussen die Kaufentscheidung des Kunden?

Stellen Sie sich vor, Sie stehen im Supermarkt und möchten ein Waschmittel kaufen. Im Regal stehen fünf verschiedene Produkte. Welche Dinge beeinflussen Sie bei der Auswahl?

• Preis?
• Verpackung?
• Qualität (Wascheigenschaften)?
• Aussehen?
• Bekanntheit aus der Werbung?
• Markenname?
• Handlichkeit (Größe, Gewicht)?
• Umweltfreundlichkeit?

Mit diesen Kriterien können Sie Kaufentscheidungen bei nahezu allen Produkten nachvollziehen. Während beim Endabnehmer Dinge wie Verpackung, Aussehen oder der Bekanntheitsgrad aus der Werbung eine größere Rolle spielen mögen, kalkulieren Firmenkunden schärfer und richten die Kaufentscheidung eher **auf ihre ganz speziellen Bedürfnisse aus**.

Stellen Sie sich vor, Sie produzieren Spezialmaschinen zur Fertigung von Werkzeugen. **Von welchen Kriterien** wird sich der Kunde bei seiner Kaufentscheidung leiten lassen?

• Preis?
• Lieferumfang (zum Beispiel mit Inbetriebnahme)?
• Qualität und Langlebigkeit?
• Reparaturfreundlichkeit?

- Service?
- Technologischer Vorsprung?
- Markenname? Bekanntheitsgrad?
- Einsetzbarkeit?

Die heutigen Produkte – egal ob im Dienstleistungs- oder im Produktionsbereich – werden sich immer ähnlicher. Deshalb fällt sowohl dem Verbraucher als auch dem Anbieter die **Abgrenzung zu anderen Produkten zunehmend schwerer**. Technisch läßt sich oft nicht mehr viel machen, weil die meisten Produkte einen ähnlichen Standard haben. Der Kampf über den Preis erweist sich besonders für junge Unternehmen oft als ruinös. Das bedeutet für den Unternehmer:

1. Ein völlig neues Produkt – etwas nie zuvor Dagewesenes. Doch das gibt es ebenfalls so gut wie nicht mehr.
2. Ein Produkt, bei dem die Zusatzleistungen überzeugen. Dabei kann es sich um einen besonders guten oder schnellen Service handeln, um einen besonderen Lieferumfang oder besondere Lieferbedingungen etc.

Bessere Serviceleistungen als Kaufkriterium

Immer mehr Firmen erkennen Ihre **Chance im Servicebereich**. Klaus Teichmann, Gesellschafter der im Dezember 1995 gegründeten Firma i.con., die unter anderem Kongresse organisiert, ist davon überzeugt, daß im Service eine Zukunftschance liegt: „Wir leisten gute Arbeit, sind pünktlich und zuverlässig. Besonders Pünktlichkeit und Zuverlässigkeit sind Serviceleistungen, die heute durchaus nicht üblich sind und uns Pluspunkte verschaffen."

Der Servicebereich

Tip bietet auch künftig besonders gute Möglichkeiten, sich positiv von der Konkurrenz abzuheben.

Dieselbe Erfahrung hat Michael Schmidt von der Firma Schmidt Industrie Contact (S.I.C.) gemacht. Der Jungunternehmer: „Wir zeigen unseren Kunden nicht nur, wie sie in der Konstruktionsphase ihre Kosten reduzieren können, sondern bieten ihnen ein ganzes Dienstleistungspaket an. Wir vermitteln zum Beispiel unseren Kunden Partnerschaften mit preisgünstigen Lieferanten

im In- und Ausland, was vielen von ihnen mangels Kontakten schwerfallen würde."

Der Technische Leiter einer Maschinenbaufirma berichtet:
„Manche unserer Maschinen mögen bei der Konkurrenz et-
was günstiger sein, aber in unserem Preis ist der Transport
zum Kunden und die Inbetriebnahme vor Ort mitenthalten.
Von uns bekommt der Kunde nur eine Rechnung. Den Betrag kennt er
schon im voraus. Vielen Kunden ist das lieber, als sie bezahlen den
Maschinenpreis und bekommen dann noch verschiedene kleinere
Rechnungen nachgereicht."

Auch die Inhaberin eines kleinen Lebensmittelgeschäfts
konnte sich gegenüber den örtlichen Supermärkten dank eines besonderen Servicegedankens behaupten: „Ich nehme Be-
stellungen per Telefon entgegen, verpacke alles, so daß es nur
noch abgeholt und bezahlt werden muß. Älteren Leuten bieten wir einen Bring-Service an. An drei Nachmittagen in der Woche bezahle ich
dafür zwei Schüler. Der Umsatz, den mir dieser Service bringt, ist jedoch weit höher."

> Serviceleistungen und Kundenorientierung hängen wesentlich von der
> Haltung der Mitarbeiter eines Unternehmens ab. Sie müssen willens
> sein, diese Vorgaben umzusetzen. Dazu gehört Motivation von seiten
> der Geschäftsführung und eine entsprechende Unternehmensphiloso-
> phie. Das Prinzip Kundenorientierung muß in der Firmenphilosphie
> heutzutage von Anfang an fest verankert sein und von jedem Mitarbei-
> ter verinnerlicht werden. Die meisten Leute sind bereit, für gute Service-
> leistungen etwas mehr zu bezahlen.

Die Suche nach dem Kunden

Der Kunde mag irgendwo sein, nur wo? Auch das ein wichtiger Punkt
für Ihre Marketing- und Vertriebsstrategie. Wer aus einer klar abgegrenzten Branche kommt und sich mit seiner eigenen Firma im bekannten Umfeld bewegt, hat hier entscheidende Vorteile. Er hat schon
Kontakte, auf die er zurückgreifen kann, und kennt die Gepflogenhei-

Branchenkenntnis

Tip

Wer aus einer klar abgegrenzten Branche kommt und sich auch mit seiner eigenen Firma im bekannten Umfeld bewegt, hat hier entscheidende Vorteile. Er hat schon Kontakte, auf die er zurückgreifen kann, und kennt die Gepflogenheiten in der Branche.

ten in der Branche. Anders ist es, wenn Sie sich auf neues Terrain wagen. Es gibt verschiedene Möglichkeiten, wie Sie Ihre Kunden auf sich aufmerksam machen. Wir nennen die wichtigsten:

Werbemöglichkeit	Bedingungen für Erfolg
Persönliches Gespräch	Bekannte Branche
Telefonmarketing	Nur mit bestem Adressmaterial
Mailings (Postwurfsendungen)	Nur mit bestem Adressmaterial
Fernsehspots	Bundesweit (sollte mehrfach erfolgen, teuer)
Radiospots	Bundesweit oder regional (sollte mehrfach erfolgen, nicht so teuer wie Fernsehspots)
Anzeigen in Zeitungen und Zeitschriften, Beilagen	Bundesweit, regional und lokal (teuer), für kleinere Unternehmen am ehesten lokal zu empfehlen oder in Fachzeitschriften
Handzettel	Nur lokale Wirkung
Veranstaltungen (Events)	Lokal sehr empfehlenswert
Pressemitteilungen	Müssen sehr gut sein, damit die Presse sie auch verwendet
Messen	Wenn es für die Branche Fachmessen gibt, die von den potentiellen Kunden besucht werden, sehr empfehlenswert

Überlegen Sie sich gut, welche Form der Werbung für das Produkt, das Sie an den Mann und die Frau bringen wollen, geeignet ist. Es hat keinen Zweck, viel Geld für TV-Werbung auszugeben, wenn Ihr Produkt nur lokal vertrieben wird. Wer ein spezielles technisches Produkt herstellt, sollte sich darum kümmern, ob es für dieses Gebiet eine Fachzeitschrift oder eine Messe gibt. Werbung muß gezielt eingesetzt werden, besonders dann, wenn der Etat sowieso knapp bemessen ist.

Konkurrenzanalyse – Schauen Sie der Konkurrenz auf die Finger

Sie haben ein tolles Produkt und müssen feststellen, daß andere dieses Produkt ebenfalls anbieten – Sie haben also Konkurrenz. **Was tun Sie?**

Schauen Sie sich die Konkurrenz an, bevor Sie als Existenzgründer einsteigen. Klären Sie im Vorfeld folgende Fragen. Überlegen Sie, welche weiteren Fragen auf Ihre Checkliste gehören.

Checkliste: Konkurrenz I

- Welche Konkurrenz erwartet mich?
- Geht es der Konkurrenz gut? Wenn nicht, weshalb nicht?
- Bearbeitet die Konkurrenz denselben Markt wie ich?
- Was unterscheidet ihre Produkte von meinen?
- Wie sind die Leistungen der Konkurrenz?
- Sind die Produkte gut?
- Sind die Mitarbeiter freundlich?
- Welche Serviceleistungen werden angeboten?
- Wie sind die Lieferfristen?
- Wie sind die Zahlungsbedingungen?

Wenn Sie diese Fragen beantworten können, wissen Sie nicht nur **einiges über die Konkurrenz, sondern auch über die Branche und über Ihre eigenen Chancen** in dieser Branche. Eine Arbeit, die sich jeder Existenzgründer vor der Unternehmensgründung machen sollte. Es erspart ihm böse Überraschungen und Enttäuschungen. Zusammen mit der Markteinschätzung ergibt sich ein rundes Bild über die Absatzmöglichkeiten und -chancen für Ihr Produkt.

Woher bekommt man Informationen über die Konkurrenz?

Eine Möglichkeit, sich die Konkurrenz anzuschauen ist natürlich, es als Kunde zu tun. Doch das wird je nach Produkt nicht immer möglich sein. **Weitere Möglichkeiten** sind:

- Sie schauen, **ob Sie die Firma im Internet** finden. Viele Firmen haben bereits Homepages im Internet, über die Sie Produkt- und Firmeninformationen abrufen können. Das ist besonders interessant, wenn Ihre Konkurrenz eine größere Firma ist, bei der dieses Produkt eines von vielen ist.

- Sie schauen sich **Anzeigen der Firma** an und lassen sich Prospekte über ihre Produkte schicken. Wenn Sie das per Telefon erledigen, erhalten Sie gleich einen ersten Eindruck vom Klima, das bei der Konkurrenz herrscht.

- Sie schauen sich **bei möglichen Kunden dieser Firma um**, indem Sie sie für sich und Ihr eigenes Produkt zu gewinnen suchen. Beim Kunden erfährt man in der Regel sehr viel mehr über die Qualität der eigenen und der Konkurrenzprodukte als irgendwo sonst. Der Kunde benützt sie täglich und kann deshalb wertvolle Hinweise liefern. Wenn Sie als potentieller neuer Lieferant kommen, wird er sicher auch über die Konkurrenzprodukte mit Ihnen sprechen – schließlich kommt es für ihn darauf an, die Unterschiede zu erkennen.

- **Sie gehen zur Konkurrenz und stellen sich vor.** Große Konzerne haben längst entdeckt, daß Konkurrenz nicht immer und auf jedem Gebiet sein muß. Partiell können auch Konkurrenten sehr gut zusammenarbeiten, beispielsweise bei der Abfallbeseitigung, bei der Teilebeschaffung oder zum Beispiel beim Transport. Möglicherweise fallen Sie mit einem solchen forschen Schritt auf die Nase, aber einen Versuch ist es allemal wert.

Sobald Sie genügend Informationen über Ihre Konkurrenten und deren Produkte gesammelt haben, können Sie an die Auswertung gehen. **Bearbeiten Sie die folgende Checkliste:**

Checkliste: Konkurrenz **II**

Habe ich verschiedene Konkurrenten?

Wodurch unterscheiden Sie sich? In den Produkten? Im Service?

Was sind die Vorteile ihrer Produkte?

Was sind die Nachteile ihrer Produkte?

Wodurch unterscheiden sich meine Produkte von denen der Konkurrenz?

Haben wir alle denselben Kundenkreis?

Je nachdem, wie die Antworten auf diese Fragen ausgefallen sind, **sollten Sie handeln:**

– **Verbessern Sie Ihr Produkt** so, daß es sich von denen der Konkurrenz abhebt, zum Beispiel in der Technik, im Design etc.

Die meisten Maschinen in der Produktion sind in einem häßlichen Grün gehalten. Verpassen Sie Ihren Maschinen eine frischere Farbe. Das allein ist zwar noch kein Kaufgrund, aber auf einer Messe zum Beispiel fallen diese Maschinen den Besuchern ins Auge.

– **Ändern Sie Ihr Serviceangebot**, so daß es besser ist als das Ihrer Konkurrenten.

Verspricht Ihr Konkurrent Ölwechsel in einer halben Stunde, bieten Sie drei Tage an, während denen Ihre Mitarbeiter einen Auto-Urlaubs-Check kostenlos zum Ölwechsel dazu machen.

– **Bieten Sie einen anderen Service** als die Konkurrenz, seien Sie schneller, besser oder billiger oder einfach anders.

Bringt ein Lebensmittelladen Einkäufe über 100 Mark ins Haus, können Sie zum Beispiel einen Spielplatz für die Kinder der Kunden aufmachen oder eine Kinderecke mit Malstiften, Büchern und Spielen einrichten.

– **Erschließen Sie sich einen anderen Kundenkreis.** Sie können Ihr Produkt, sofern es nicht einen sehr eng begrenzten Käuferkreis hat, so ändern, daß sich eine andere Kundenschicht dafür interessiert als für die Konkurrenzprodukte.

Sie verkaufen Fahrräder. Die meisten Läden stellen heute ihr Produktspektrum auf Kinder, Jugendliche und sehr Sportliche ab. Spezialisieren Sie sich zum Beispiel auf Fahrräder für ältere Menschen oder auf sehr alltagstaugliche. Sie könnten zum Beispiel Standardangebote mit Einkaufskorb, aufrechter Sitzhaltung, Kindersitz, sinnvoller Gangschaltung zu einem vernünftigen Preis zusammenstellen. Wenn Sie dann noch einen preisgünstigen Wartungsservice für Vielfahrer anbieten, dürften Sie genug Kundschaft haben.

– **Stellen Sie Ihre Werbung auf andere Schwerpunkte ab.** Wenn die Konkurrenz mit der Standfestigkeit Ihrer Maschinen wirbt, werben Sie mit der exzellenten Technik, die in den Maschinen steckt.

Hier braucht man eigentlich kein Beispiel. Das können wir jeden Tag sehen. Die Autoindustrie macht es vor. Die eine Kundengruppe möchte ein sportliches Auto. Der Kofferraum ist uninteressant und Beinfreiheit auf der Rückbank ebenfalls. Die andere Gruppe legt genau auf diese beiden Dinge wert, weil sie eine Familie hat.

Wer glaubt, seine Konkurrenz vernachlässigen zu können, ist nicht nur arrogant, sondern auch dumm. Nur wer seine Konkurrenz kennt und im Auge behält, kann entsprechend handeln. Der Kunde trifft seine Kaufentscheidung nach vielen Kriterien. Möglicherweise kauft er sogar ein schlechteres Produkt, nur weil ihm der Verkäufer sympathischer ist. In diesem Fall hilft es nichts, zu sagen, „der Kunde ist dumm". Es wäre besser, dafür zu sorgen, daß auch die eigenen Verkäufer einen freundlichen, sympathischen Eindruck hinterlassen.

Branchenkenntnis entscheidend für den Erfolg

Existenzgründungsberater stellen immer wieder fest, daß Existenzgründungen, die nicht in der Branche angesiedelt sind, in welcher der Gründer vorher tätig war, größeren Schwierigkeiten

Branchenkontakte

bedeuten Zeit- und Geldersparnis **Tip**

gegenüber stehen. Wer in die Branche einsteigt, aus der er kommt, hat viele Vorteile. Er kennt

– die Branche und den Markt,
– Anbieter, Kunden, Zulieferer und Gepflogenheiten,
– die Produkte, die auf diesem Markt angeboten werden, ihre Vorteile und ihre Schwächen.

Größter Vorteil: Er hat Kontakte, die er in einer anderen Branche erst mühsam knüpfen muß.

Als Branchenneuling: Marktkenntnis erwerben

Sollten Sie in einen Markt einsteigen, den Sie nicht kennen, ist eine Marktanalyse unumgänglich. Die Kunden- und Konkurrenzanalyse sowie die Branchenanalyse sind Teil dieser Marktanalyse. Darüber erfahren Sie mehr auf den folgenden Seiten.

> **Anbieter + Kunden + Zulieferer = Markt (Branche)**

Wo erhalte ich Informationen über einen Markt?

• via Internet
• über die Industrie- und Handelskammern
• über die Handwerkskammer
• bei den Industrie- und Handelsverbänden
• über die Gelben Seiten im Telefonbuch
• beim Statistischen Bundesamt
• auf Messen
• in der Bibliothek

Wichtig ist, daß Sie die Informationen, die Ihnen zur Verfügung stehen, finden und sie zu lesen und auszuwerten verstehen. **Wichtigste Werkzeuge sind dazu der Computer sowie zwei Nachschlagewerke.** Der Computer wegen des Internetzugangs. Wählen Sie eine Suchmaschine, zum Beispiel *„www.yahoo.de"*. Mit deren Hilfe können Sie nach jedem beliebigen Schlagwort oder auch nach einer Internet-Adresse suchen. Sie kommen so an die Informationen der meisten Verbände und Ämter direkt heran.

Bei den beiden Nachschlagewerken handelt es sich zum einen um das „**Taschenbuch des öffentlichen Lebens**", kurz OECKL genannt. Darin sind alle Adressen, die Sie irgendwann in Ihrem Leben brauchen könnten: Verbände, Ministerien, Kammern, Institute etc. Das andere Nachschlagewerk ist „**Wer liefert was**". Darin sind alle Firmen mit Ihren Produkten verzeichnet. Wenn Sie Malpinsel herstellen möchten und es gibt einen Verband der Pinselhersteller, dann finden Sie ihn! Beide Bücher sind teuer. In einer Landesbibliothek oder einen gut sortierten Stadtbibliothek können Sie beide Adresswerke entweder in Buchform oder als CD ROM einsehen.

Wenn Sie Informationen über bestimmte Bevölkerungsgruppen bzw. deren Lebenssituation benötigen, können die Publikationen des Statistischen Bundesamts in Wiesbaden eine große Hilfe sein.

Beispiel: Sie wollen Produkte herstellen oder verkaufen, die speziell für ältere Menschen bestimmt sind. Das Statistische Bundesamt hat ein Büchlein mit dem Titel „Im Blickpunkt: Ältere Menschen". Darin finden Sie wirklich alles, was wissenswert ist. Sie erfahren, wie alt Menschen heute in Deutschland werden, wie Sie leben, ob allein oder zu zweit, im Heim oder in der eigenen Wohnung, wieviel Geld ihnen zur Verfügung steht, wieviel Ersparnisse sie haben, welche Krankheiten sie plagen, wie lange sie im Durchschnitt fit bleiben, welchen Freizeitvergnügen sie nachgehen etc. Damit können Sie schon ein ziemlich genaues Kundenprofil erstellen.

Wie fertige ich ein Raster für die Marktübersicht an?
Haben Sie Ihre Informationen ausgewertet, können Sie ein Raster anlegen, um eine Marktübersicht zu erhalten.

Legen Sie folgende Sparten an:

* **Die Branche**
  Mit Branche ist die Gesamtheit der Hersteller/Anbieter und Zuliefe-rer eines bestimmten Produktes oder Produktbereichs gemeint. Uns interessiert, wie die Branche strukturiert ist, wie die Vertriebswege sind, ob jeder seinen eigenen Zulieferer hat etc.
* **Die Konkurrenz**
  Unter Konkurrenz versteht man die einzelnen Hersteller/Anbieter, die dasselbe oder ein ähnliches Produkt im Programm haben wie man selbst. Zur Konkurrenzanalyse gehört auch eine Analyse der Konkurrenz-Produkte.
* **Die Kunden**
  Hier sollten Sie alle Informationen sammeln, die Sie über Ihre po-tentiellen Kunden gefunden haben. Sind es in erster Linie Männer oder Frauen, wie alt sind sie, haben Sie Kinder, über welches Ein-kommen verfügen sie etc.

Beispiel: Raster Marktanalyse		
Branche	**Konkurrenz**	**Kunden**
Mittelständisch geprägt	6 Betriebe am Ort	80 % Frauen
Viele Familienbetriebe	2 Betriebe auf neuestem techni-schem Stand, Produkte ebenfalls, hohe Präzision	Familiennetto-einkommen eher niedrig
Kleine Gewinnmargen	Betrieb A schlechter Service	Preisbewußt + praktisch
Verkauf über Supermärkte und Fachgeschäfte	Betrieb B arbeitet nur mit Stammkunden	Konservative Grundhaltung

Überprüfen Sie, ob Ihr Produkt in diesen Markt paßt und ob es sich durchsetzen kann. Dabei helfen folgende Fragen:

Checkliste: Marktanalyse

- Geht es der Branche gut?
- Gibt es über den bestehenden Kundenkreis hinaus weitere Kunden?
- Sind die Gewinnmargen hoch genug, um zu überleben?
- Paßt mein Produkt in den Markt?
- Hat es einen Neuigkeitswert oder eine Eigenschaft, die es von den anderen Produkten unterscheidet?
- Bin ich mit meinem Produkt der Konkurrenz gewachsen?
- In welchen Bereichen habe ich Schwächen (Marketing, Service, Lieferfristen etc.)?
- Kann ich meine Schwächen oder die meines Produktes beseitigen?
- Ist der Standort für mein Unternehmen geeignet?

Viele Existenzgründer gehen voll Schwung an die Arbeit, vergessen aber eine Marktanalyse. Das Ergebnis ist meist das Scheitern des Projekts.

Beispiel: Eine Frau eröffnete am Rande der Fußgängerzone in einer Kleinstadt einen exklusiven Teeladen, in dem sie auch feines Porzellan, Teegebäck sowie edle Öle und Essig verkaufte. Nach zwei Jahren mußte sie ihr Geschäft aufgeben, weil es ihr nicht gelungen war, einen Gewinn zu erzielen.

Analyse:
Das Geschäft befand sich zwar am Rande der Fußgängerzone, aber nicht am Rande der Hauptgeschäfts- und Einkaufsstraße. Es gab somit wenig Laufkundschaft. Nur wenige Einkäufer und Bummler verirrten sich bis zum Standort des Teeladens. Das wäre mit entsprechender Werbung noch abzubiegen gewesen. Aber: In der Kleinstadt gab es keinen Markt für ein derart teures Sortiment. Das hätte die Gründerin

übrigens leicht in Erfahrung bringen können, hätte sie sich die Bilanzen ihrer Vorgängerin angeschaut und mit dem einen oder anderen Ladenbesitzer gesprochen. Möglicherweise wäre sie mit einem anderen Sortiment und Konzept erfolgreich gewesen.

Auf einen Blick

- Die Idee für die Selbständigkeit ist nur der Anfang. Sie muß auf den Prüfstand.
- Klären Sie, ob es für Ihre Idee Kunden gibt und wie sie aussehen, was sie von Ihrem Produkt und Ihrem Unternehmen erwarten. Erstellen Sie ein Kundenprofil.
- Analysieren Sie die Vor- und Nachteile Ihres Produkts und finden Sie heraus, wie es sich von anderen vergleichbaren Produkten abheben kann, zum Beispiel durch besonderen Service.
- Ein gutes Produkt allein genügt nicht. Sie müssen dafür werben. Überlegen Sie sich genau wie und wo Sie werben möchten.
- Werbung sollte den Profis überlassen bleiben.
- Lernen Sie die Konkurrenz und deren Produkte kennen. Sie können daraus wichtige Erkenntnisse für Ihr weiteres Vorgehen, Ihr Produkt und Ihre Werbung gewinnen.
- Informieren Sie sich über die Branche, in die Sie einsteigen möchten. Am besten ist der Einstieg in eine Wachstumsbranche. Ist der Kuchen bereits verteilt, bricht meist der Preiskrieg aus, und dem ist ein junges Unternehmen nur selten gewachsen.
- Kunden-, Branchen- und Konkurrenzanalyse zusammen ergeben eine Marktanalyse, der Sie wertvolle Hinweise für Ihr weiteres Vorgehen entnehmen können.

101

Hilfe für den Existenzgründer

Vieles, was mit sehr viel Enthusiasmus begonnen wurde, scheitert bereits nach wenigen Jahren. Allein für 1998 wird mit schätzungsweise 36.000 Pleiten gerechnet. Nach Erkenntnissen der Deutschen Ausgleichsbank scheitern 68,6 Prozent aller Existenzgründer **an Finanzierungsschwierigkeiten.**

Beratung zur Existenzgründung

Beratung stellt einen wichtigen Faktor für nachhaltigen Unternehmenserfolg dar.

Tip

Interessant ist jedoch, daß von Existenzgründungen, die in irgendeiner Form gefördert werden, nur rund zehn Prozent in den ersten fünf Jahren aufgeben, während bei den nicht geförderten die Zahl rund fünfmal so hoch ist.

Die Gründe für die hohe Erfolgsrate der geförderten Unternehmen liegt zum Teil sicherlich in der besseren Finanzdecke – zum großen Teil aber auch in der sorgfältigen Erarbeitung eines überzeugenden Unternehmenskonzepts, ohne das Banken und Förderstellen keine Finanzierungshilfen geben.

Aber längst nicht alle Jungunternehmer nehmen die Hilfen in Anspruch beziehungsweise sind in der Lage, den Schritt zum eigenen Unternehmen so zu konzipieren, daß die Planung den Ansprüchen der Banker und Beamten genügt, die **Fördermittel und Kredite** vergeben.

Hier finden Existenzgründer Beratung

* **Industrie- und Handelskammern/Handwerkskammern**
  Die IHKs sowie die Handwerkskammern bieten nicht nur Einzelberatungen an, sondern auch spezielle Existenzgründerveranstaltungen und Seminare für Existenzgründer. Dabei arbeiten sie häufig mit staatlichen Stellen oder zum Beispiel Universitäten zusammen. Die großen IHKs bieten zudem Broschüren zu vielen Themen an, die Existenzgründer interessieren und sind auch im Internet präsent. So

erhält man zum Beispiel bei der *IHK Stuttgart* per *Fax-Abruf-Service* unter der *Nummer 0711-22 29 71-29* eine **Literaturliste für Existenzgründer**. Im Internet findet man unter *www.stuttgart.ihk.de/foerdermittel* eine Fördermitteldatenbank. Kostenlos (abgesehen von den online-Gebühren) können Sie sich hier einen Überblick über öffentliche Förderprogramme und Finanzierungshilfen verschaffen. Andere IHKs bieten ähnliche Serviceleistungen.

• Fast jede Stadt und jeder Kreis unterhält inzwischen ein **Wirtschaftsförderungsbüro.** Viele von ihnen beraten auch Existenzgründer oder können zumindest geeignete Anlaufstellen nennen.

• Die **Wirtschaftsministerien** der Länder finanzieren Beratungsprojekte oder Existenzgründerveranstaltungen sowie Wettbewerbe. Erkundigen Sie sich dort.

• **Universitäten** fördern den Technologietransfer und die Gründung von Unternehmen im Bereich neue Technologien, manchmal in Verbindung mit einem Technologiepark, in dem sich die Jungunternehmer ansiedeln können. Neu ist auch die Idee, daß Professoren Patenschaften für die jungen Unternehmer übernehmen oder sich finanziell beteiligen.

• **Viele Banken und Sparkassen** halten mittlerweile nicht nur Informationsbroschüren für Existenzgründer bereit, sondern beraten auch kompetent.

• **Das Bundeswirtschaftsministerium,** die Deutsche Ausgleichsbank, der Deutsche Industrie- und Handelstag sowie diverse **Unternehmerverbände** bieten ebenfalls Informationsmaterial unterschiedlichster Art an.

• In manchen Bundesländern oder Städten wurden eigene **Beratungsgesellschaften für Existenzgründer** ins Leben gerufen, die unter anderem die Anstrengungen der verschiedenen Stellen koordinieren und so den interessierten Gründern ein umfangreiches Programm anbieten können.

• **Freie Unternehmensberater** kosten zwar, doch wird auch diese Beratung in bestimmten Fällen finanziell gefördert.

• Es gibt zum Thema Existenzgründung sowie zu einzelnen Themen wie Marketing, Kostenrechnung etc. inzwischen eine Vielzahl von verständlich geschriebenen **Ratgebern.**

- **Gemeinnützige Organisationen,** zum Beispiel „Senioren helfen Junioren" bieten Patenschaften und Beratung für Existenzgründer (Adressen meist über IHKs oder regionale Wirtschaftsförderung)

> **Unser Tip:**
>
> Wunderbar und schnell erhalten Sie Adressen und Informationen **via Internet.** Gehen Sie über eine Suchmaschine (zum Beispiel „Yahoo" oder „Altavista") und geben Sie als Suchbegriff „**Existenzgründerberatung**" ein. Sie werden erstaunt sein, was Sie dort alles finden. Sie haben beispielsweise direkt Zugriff auf die Informationen des Bundeswirtschaftsministeriums, können einen kostenlosen Test absolvieren, der Ihnen sagt, ob Sie zum Unternehmer taugen, können sich an andere Existenzgründer wenden und vieles mehr.

Nehmen Sie Beratungsangebote auf jeden Fall an. Sie kosten meist nichts oder nur wenig, helfen aber unter Umständen sehr viel. Sie erfahren nicht nur, welche Fördermöglichkeiten es gibt, sondern profitieren von der Erfahrung der Berater auch bei der Erstellung ihres Unternehmenskonzepts und des Finanzplans. Und ohne ein durchdachtes und gut präsentiertes Unternehmenskonzept kommen Sie nicht an Fördermittel.

Denken Sie daran: Den meisten Gründern mangelt es nicht an einer guten Idee, sondern an unternehmerischem Wissen.

Was ist der Inhalt einer Beratung?

Eine Existenzgründerberatung dient **der Klärung folgender Fragen:**

1. Hält das Unternehmenskonzept einer genauen Prüfung stand?
2. Welche Fragen sind noch zu klären?
3. Sind meine Vorstellungen über den Markt realistisch?
4. Ist mein Finanzierungskonzept wasserdicht?
5. Sind meine Zeitvorstellungen wirklichkeitsnah?
6. Wo habe ich Wissenslücken und wie kann ich Sie füllen?
7. Welche Möglichkeiten der finanziellen Förderung gibt es für mich?
8. Bietet mir die öffentliche Hand andere Formen der Unterstützung, zum Beispiel günstigen Büroraum, Beratungsleistungen etc.

Existenzgründungsseminare – am besten noch vor der Beratung

In der Praxis, so die Berater, sieht es jedoch häufig so aus, daß die Existenzgründer in spe mit ihren Ideen zur Beratung kommen und erst sehr grobe Vorstellungen darüber entwickelt haben, wie ihre Idee zu realisieren ist. Deshalb empfehlen die Berater als ersten Schritt den Besuch eines Existenzgründerseminars und die Aufstellung eines Businessplans, eines Unternehmenskonzepts.

Existenzgründungsseminare

sind als Einstieg in die Welt des Unternehmers sehr hilfreich. Oft ist die Existenzgründungsberatung erst danach sinnvoll.

Tip

Ein Existenzgründerseminar ist nie falsch. Die meisten angehenden Unternehmer kommen dabei zu interessanten (Selbst-)Erkenntnissen. Zum ersten Mal werden sich viele gewahr, daß hinter einer Existenzgründung und der Führung eines Unternehmens – und sei es noch so klein – viel mehr steckt als die gute Idee. Außerdem ergeben sich auf solch einem Seminar viele Kontakte, die sich vielleicht nutzen lassen.

Und noch ein Tip: Für Frauen gibt es vielerorts spezielle Existenzgründerinnen-Seminare. Denn Frauen, so die Erfahrung der Berater, gehen an eine Existenzgründung anders heran als Männer.

Auf einen Blick

- Existenzgründer sollten auf professionelle Hilfe nicht verzichten, zumal sie oft kostenlos oder mit sehr geringen Kosten verbunden ist.
- Informationen über Hilfsangebote für Existenzgründer erhalten Sie mittlerweile bei den Industrie- und Handels- sowie den Handwerkskammern, bei Städten und Kreisen, beim Bundeswirtschaftsministerium und den Landesministerien und zahlreichen anderen Stellen.
- Viele Organisationen veranstalten Existenzgründerseminare. Nehmen Sie teil. Es hilft Ihnen bei der Planung des Sprungs in die Selbständigkeit.

Muß überzeugen: der Businessplan

Der Businessplan ist die **umfassende Präsentation Ihres Unternehmenskonzepts**. Mit ihm müssen Sie nicht nur den Existenzgründungsberater überzeugen (er klopft den Plan ab und hilft, ihn zu optimieren), sondern auch die Banken oder eventuelle andere Geldgeber, die bei Schwachstellen meist ungnädig reagieren und kein Geld gewähren.

Sie sollten einen Businessplan so wichtig nehmen wie eine Bewerbung. Im Kleinformat sollte er das sein, was ein Emissionsprospekt für die Newcomer an der Börse ist: eine **ausführliche Darstellung Ihrer Geschäftsidee**, **der Vorstellungen zur Umsetzung**, **des Finanzierungskonzepts und des Finanzplans** mindestens für die ersten drei Jahre, **der erwarteten Umsatzentwicklung** etc. – und das alles natürlich begründet und sauber aufbereitet.

Anforderungen an den Businessplan

Die Wirtschaftsförderungsgesellschaft Region Stuttgart mbH und das Informationszentrum für Existenzgründungen (ifex), Stuttgart, haben in der Broschüre „Venture Capital – der Business Plan –" einen Leitfaden für Existenzgründer und Unternehmer erarbeitet. Darin werden die Anforderungen an einen Businessplan detailliert beschrieben.

> Disketten „Erstellung eines Businessplans" können Sie bestellen bei:
> *Wirtschaftsförderungsgesellschaft Region Stuttgart mbH,*
> *Birgit Häbich, Friedrichstr. 10, 70174 Stuttgart,*
> *Tel. 0711-22 83 50, Fax 0711-22 835-55*

- Er sollte je nach Projekt **zwischen 10 und 30 Seiten umfassen**, sich auf einen Zeitraum von drei bis fünf Jahren beziehen und zur Unterstützung der schriftlichen Ausführungen Tabellen, Grafiken und Diagramme enthalten.
- Die Präsentation sollte **übersichtlich und ordentlich** sein. Wie bei einer Bewerbung ist auch hier oft der erste Eindruck entscheidend.

- Der Plan sollte eine **Struktur aufweisen** und einem „roten Faden" folgen.
- **Risiken und Unsicherheitsfaktoren** beziehungsweise Schwächen sollten nicht verschwiegen werden.
- Die **unternehmerischen Ziele und Strategien** müssen festgelegt werden.

Konkret sollte der Businessplan aus folgenden Elementen bestehen:	
Deckblatt	Adresse, Telefon- und Faxnummern, Name des Verfassers, Datum
Zusammen-fassung	Kurze, prägnante Darstellung der wichtigsten Fakten
Unternehmens-beschreibung	Darstellung des geplanten Unternehmens, also zum Beispiel Gesellschaftsform, Zweck, Besitz-verhältnisse, Standort, Einrichtung, Unternehmensidee und -ziele. Die wichtigsten Planzahlen in einer Übersicht
Produkt-beschreibung	Beschreibung der Produkte oder Dienstleistungen, die angeboten werden. Kundennutzen, Vergleich mit Konkurrenzprodukten, Entwicklungs- und Herstellungskosten, Preise, Gewinnmargen, zukünftige Produktentwicklung
Produktion + Qualität	Erklärung der Fertigungsstrategie (Fremdferti-gung, Eigenfertigung?), Fertigungsmethoden, notwendige Produktionsanlagen, Kosten, Qualitätssicherung, Verantwortungsbereiche, Mitarbeiterbedarf, Lieferanten
Marketing + Vertrieb	Analyse der Markt-, Branchen- und Konkurrenz-situation, Zielgruppendefinition, Markt- und Technologietrends, Bedeutung von Service, Beratung etc., Absatzerwartungen, Vertriebs-konzepte und -kanäle, Vertriebskosten und Mitarbeiterbedarf, Marketingkonzepte

Management + Organisation	Oranisationsstruktur des Unternehmens, Verteilung von Aufgaben, Kompetenzen und Verantwortlichkeiten. Kurzvorstellung der Geschäftsführung und ihres beruflichen Hintergrunds, Personalplanung und -kosten
Finanzierung + Finanzplan	Ausgangslage, Kapitalbedarfsplanung und Finanzplanung für die nächsten drei bis fünf Jahre, Umsatz- und Kostenentwicklung, Fixkosten, Liquiditätsplan, Darstellung des Finanzierungskonzepts
Chancen + Risiken	Ausführliche Darstellung der Chancen und Risiken des Unternehmens und die daraus resultierenden Chancen und Risiken für die Investoren
Anhang/ Anlagen	Firmenbroschüre, Produktprospekte, Tabellen und Graphiken, Referenzen, Verträge, Gutachten etc.

Die dargestellten Anforderungen mögen Ihnen als sehr umfangreich erscheinen. Sicher muß der Businessplan für eine Pommes-Frites-Bude nicht so ausführlich sein wie für ein High-tech-Unternehmen, das einen extrem hohen Kapitalbedarf für die Entwicklung seiner Produkte hat. Aber im Prinzip gilt: **Als Existenzgründer müssen Sie ein Unternehmen planen – komplett und rundum.**

Erstellen Sie den Businessplan sehr sorgfältig. Ohne ihn haben Sie keine Chance auf Fördermittel, Kredite oder gar das Geld von Investoren aus dem Risikokapitalbereich. Helfen können ihnen dabei zum Beispiel der Steuerberater, ein Unternehmensberater und ein versierter Journalist.

Auf einen Blick

- Ohne ein durchdachtes Unternehmenskonzept (Businessplan) haben sie keine Chance auf Fördermittel, Kredite oder Wagniskapital.
- Der Businessplan sollte alle Unternehmensbereiche abdecken und Ihre Vorstellungen konkret darstellen. Dazu gehört natürlich auch die Finanzierung sowie ein Finanzplan für die ersten drei bis fünf Jahre.

Kernstück Finanzierungs- und Finanzplan

Eines der wichtigsten Elemente im Businessplan sind sicherlich der Finanzierungs- und der Finanzplan. Er sollte nicht „wackeln", sondern gut kalkuliert sein und mit realistischen Zahlen arbeiten. Schwachstellen sollten Sie in den Erläuterungen dazu am besten selbst ansprechen.

Erläutern Sie Ihren Kapitalbedarf für die Startphase.
Stellen Sie zusammen, **welche Kosten** Sie erwarten. Dazu gehören:
– Ausstattung (Büros, Produktionsanlagen, Fahrzeuge, Maschinen, Arbeitsgeräte)
– Fixkosten (Miete, Strom, Personal, Unterhalt von Fahrzeugen und Anlagen)
– Flexible Kosten (Büromaterial, Telefon, Fax, Honorare)
– Produktionskosten
– Materialkosten
– Werbungskosten (Markteinführung nicht vergessen!)
– Vertriebskosten
– Finanzierungskosten (Zinsen, Tilgung)

> **Schwächen oder Unklarheiten im Finanzplan**
>
> die Sie noch im Detail klären müssen, sollten Sie von sich aus ansprechen.
>
> **Tip**

Stellen Sie Ihren Finanzierungsplan vor.
Erklären Sie, **welche Finanzierungsquellen** für Sie in Frage kommen, welche Mittel Ihnen bereits zur Verfügung stehen und aus welchen Quellen sie kommen. **Schildern Sie die Vor- und Nachteile**, die die verschiedenen Finanzierungen für Sie haben. Gehen Sie dabei auf folgende Punkte ein:
– Stellung von Sicherheiten
– Höhe der Mittel
– Zeitliche Bindung der Mittel
– Zinssätze
– Rückzahlungsmodalitäten
– Stand der Verhandlungen

Legen Sie einen Finanzplan für die ersten drei Jahre vor.
Hier sollten Sie **die erwarteten Einnahmen und Ausgaben** auflisten.
Dazu gehört wiederum eine detaillierte Auflistung der Kosten, die in
Ihrem Unternehmen anfallen sowie eine Auflistung der erwarteten
Einnahmen, sozusagen eine Schätzung des künftigen Umsatzes. Dabei
sollten Sie beachten:

Fixkosten
• Fixkosten wie Mieten und Gehälter müssen immer zu einem bestimmten Zeitpunkt bezahlt werden, den Sie nicht ändern oder verschieben können.

Vorfinanzierung von Aufträgen
• Aufträge müssen in der Regel vorfinanziert werden. Das heißt, zunächst einmal verursacht jede erwartete Einnahme Kosten.
• Kunden bezahlen meist nicht sofort bei Lieferung des Produktes oder der Leistung.

Quartals-/Monatsplanung im ersten Jahr
• Für das erste Jahr sollte die Planung zumindest für jedes Quartal erstellt werden, wenn nicht sogar für jeden Monat. Je genauer Ihre Planung ist, desto leichter können Sie sie überprüfen, desto früher bemerken Sie Fehleinschätzungen.

Auf diese Faktoren muß die Finanzplanung Rücksicht nehmen. Das
bedeutet, es muß **immer eine „eiserne Reserve"** geben, die über Notzeiten hinweghilft. Eine Finanzplanung, die zusammenbricht, sobald
ein Kunde nicht pünktlich zahlt, gehört in den Papierkorb. Daraus
folgt:

Sorgen Sie für ausreichende Liquidität.
Sobald Einnahmen und Ausgaben nicht harmonieren, haben viele junge (und alte) Unternehmen Liquiditätsprobleme, die nicht selten in
den Konkurs führen. Verantwortlich dafür sind häufig Forderungsausfälle, also Kunden, die nicht oder erst sehr spät bezahlen. In der
Broschüre „Existenzsicherung" des Deutschen Industrie- und Handelstages (DIHT) wird ausgeführt, daß sich bei Forderungsverlusten
von über einem Prozent des Umsatzes der Gewinn um die Hälfte reduziert!

Um Forderungsverluste zu vermeiden, können Sie folgende Maßnahmen ergreifen:
- Prüfen Sie die **Bonität Ihrer Geschäftspartner** zumindest bei großen Aufträgen.
- **Überwachen Sie das Zahlungsverhalten** mit Hilfe der EDV.
- Gewähren Sie keine überhöhten offenen Forderungen.
- **Verlangen Sie Abschlagszahlungen.**
- Kann ein Kunde nicht zahlen, versuchen Sie, Ratenzahlungen zu vereinbaren.

Noch besser ist es, wenn Sie von Anfang an in Ihre eigene Rechnung Sicherungssysteme einbauen. Das könnten sein:
- Rückstellungen
- Private Bankguthaben
- Eine Kreditlinie bei Ihrer Bank

Je ausführlicher, detaillierter und transparenter Ihre finanziellen Pläne dargestellt sind, desto größere Chancen haben Sie, bei Banken und öffentlichen Stellen sowie privaten Kapitalgebern an Geld zu kommen. Außerdem tun Sie damit auch etwas für sich selbst. Mit einem detaillierten Finanzplan bekommen Sie die Kontrolle Ihrer finanziellen Lage schnell in den Griff. Ein detaillierter Finanzplan, der zum Beispiel für jeden Monat erstellt wurde, ist ein ausgezeichnetes Frühwarnsystem für finanzielle Schieflage und falsche Umsatzschätzungen. Sie haben dann die Möglichkeit zurückzufahren.

Drei fatale Fehltritte im Finanzbereich

1. Irrtum: Was in der Kasse ist, gehört mir.
Ein Irrtum, dem leider viele Jungunternehmer unterliegen, besonders wenn sie keinerlei betriebswirtschaftliche Vorbildung haben. Sie verwechseln Umsatz mit Gewinn.

Gewinn = Umsatz (Einnahmen) − Ausgaben

Zu den Ausgaben zählt alles, was an Kosten anfällt:
• Waren- und Materialkosten
• Personalkosten
• Zinsen und Tilgung von Krediten
• Abschreibung
• Raumkosten (Miete)
• Energiekosten
• Reparatur und Instandhaltung
• Gebühren, Beiträge, Versicherungen
• Steuern
• Fahrzeugkosten
• Werbekosten
• Reisekosten
• Vertriebskosten
• Porto, Telefon etc.
• Buchführung, Beratung (z. B. Steuerberater, Anwalt)

> Selbst das, was dann übrigbleibt sollten Sie nicht als reinen Gewinn betrachten, den Sie für sich ausgeben können. Schließlich sind besonders am Anfang immer wieder Investitionen zu tätigen. Außerdem sollten Sie einen gewissen Betrag zurückstellen, um für Notzeiten gewappnet zu sein. Viele Jungunternehmer begehen den Fehler, sich selbst anfangs ein zu großzügiges Gehalt zu genehmigen.

2. Irrtum: Meine Ausgaben beginnen mit den Einnahmen.
Falsch. Ihre Ausgaben für eine Unternehmensgründung beginnen schon lange, bevor Sie etwas einnehmen. Sie haben zu finanzieren:
• Die Vorbereitung der Gründung, zum Beispiel Anwaltskosten, diverse Gebühren, eventuell einen Steuerberater etc.
• Die **Miete für die Firmenräume**, sofern Sie nicht selbst über geeignete Räumlichkeiten verfügen.
• Sie **benötigen eine Grundausstattung**. Die Ausgaben dafür variieren je nach Art Ihres Unternehmens. Ein Produktionsbetrieb benötigt mehr Geld dafür als zum Beispiel ein Buchführungsbüro.
• Sie müssen Ihre **Aufträge vorfinanzieren**. Bezahlt wird eine Ware erst nach Fertigstellung und Lieferung. Hier müssen Sie wie bereits

erwähnt damit rechnen, daß manche Kunden säumige Zahler sind. Das bedeutet, daß unter Umständen mehrere Aufträge vorfinanziert werden müssen.

Wenn Sie Ihre Investitionskosten berechnen, sollten Sie generell eine Sicherheitsreserve von fünf bis zehn Prozent einkalkulieren. Bei Ihren Umsatzerwartungen sollten Sie genau das Gegenteil tun, nämlich fünf bis zehn Prozent weniger ansetzen, als Sie eigentlich erwarten.
Denken Sie daran: Viele Kosten können nicht kurzfristig reduziert werden, weil Sie an Verträge gebunden sind (Miet- und Kreditverträge, Arbeitsverträge etc.).

3. Irrtum: Alle haben steigende Kosten.

Jeder Unternehmer kennt die Situation: Die Erträge sind rückläufig, die Kosten steigen. Die unerfahrenen Neulinge argumentieren meist damit, daß es der Konkurrenz auch nicht besser gehe. Wenn Sie bei dieser Argumentation bleiben, kann es Ihnen schlecht ergehen.

Gegen davonlaufende Kosten **hilft nur eine Kostenreduzierung.** Jeder Bereich des Unternehmens muß darauf abgeklopft werden, wo die Kosten zu hoch sind und wie sie gesenkt werden können.

Überhöhte Kosten treten meist auf:
• bei Verpackungen
• bei Schmierstoffen o.ä.
• bei Zulieferern
• bei den Reisekosten
• bei den Mietkosten
• bei den Personalkosten, was meist an einer unproduktiven Arbeitsorganisation liegt.

Gegenmaßnahmen:
• neue Angebote einholen
• Angebote von anderen Anbietern einholen
• Rationalisierung
• Modernisierung

113

Häufig werden gerade am Anfang die „Kleinigkeiten" übersehen. Es lohnt sich bei allen Dingen, die man von anderen kaufen muß, mehrere Angebote einzuholen und Preisvergleiche anzustellen. Unter Umständen können Sie sogar billiger fahren, wenn Sie sich im Einkauf mit einem anderen Unternehmen zusammentun. Verhandeln Sie auch über Rabatte und Skonto.

Auf einen Blick

- Stellen Sie besonders Ihre finanziellen Vorstellungen detailliert und transparent dar. Ein detaillierter Finanzplan ist auch eine Hilfe für den Unternehmer. Durch ständige Überprüfung an der Realität bemerken Sie sehr schnell, wenn sie in finanzielle Schieflage geraten.
- Viele junge Unternehmer unterliegen dem Irrtum, Umsatz sei gleich Gewinn. Diese Fehleinschätzung führt schnell zum Konkurs.
- Ein Existenzgründer hat Ausgaben, lange bevor er Einnahmen vorweisen kann. Kalkulieren Sie den Finanzbedarf für die Startphase nicht zu knapp. Rechnen Sie eine Sicherheitsreserve von fünf bis zehn Prozent ein.

So kommen Sie an Geld

Nur wenige Existenzgründer haben das nötige Kapital, um den Start aus eigener Kraft zu wagen. Die meisten **brauchen Fremdmittel**, um ihr Projekt durchzuführen.

Existenzgründer sollten über ein Eigenkapital verfügen, das mindesten 20, besser 30 Prozent der für die Gründung vorgesehen Summe abdeckt. Je höher das Eigenkapital, desto geringer die Kosten für Zinsen und Tilgung. Außerdem signalisiert ein hohes Eigenkapital der Bank, daß der Gründer voll hinter seinem Konzept steht.

Das Eigenkapital

sollte mindestens 20 Prozent, besser 30 Prozent der für die Gründung benötigten Summe abdecken.

Tip

Zur Zeit gibt es sehr viele Möglichkeiten, an Geld für eine Unternehmensgründung zu kommen. **Voraussetzung ist jedoch immer der ausführliche Businessplan, das Unternehmenskonzept.**

Finanzierungsmöglichkeiten für Existenzgründer

- Förderung durch die öffentliche Hand auf Bundes-, Landes- und europäischer Ebene
- Förderung auf Kreis- oder kommunaler Ebene
- Förderung durch Wettbewerbe
- Risiko- und Beteiligungskapital
- Bankkredite

Günstige Förderkredite der öffentlichen Hand werden übrigens normalerweise über Banken vergeben. Das heißt, auch bei dieser Form der Förderung werden der Jungunternehmer und seine Idee auf Herz und Nieren geprüft. Trotz Politikerschelte können die Banken kein Geld für unrealistische Ideen oder finanzielle Abenteuer verleihen. Schließlich verwalten sie das Geld nur im Auftrag ihrer Kunden.

Was die Banken von Ihren Kunden erwarten, verrät das folgende Statement von Thomas Fischer, dem Vorsitzenden des Vorstands der Landesgirokasse. In: WIFO, einer Beilage der Stuttgarter Zeitung, 10. Juni 1998
„Auch die beste Technik braucht einen Absatzmarkt, den es aber erst aufzubauen gilt. Und die Bestimmung sowie der gezielte Einsatz der Finanzmittel ist die Conditio sine qua non. Darauf folgt der Rat an die Gründer: Sie müssen Ihre Fähigkeiten gerade in den genannten Problembereichen ausbauen oder sich die Expertise von außen dazuholen."

Bankkredite in der Unternehmensfinanzierung

Die Banken spielen für den Existenzgründer eine entscheidende Rolle, denn auch die günstigen staatlichen Förderkredite **müssen über die Banken beantragt werden.** Sie müssen also die Bank von der Tragfähigkeit Ihres Unternehmenskonzepts überzeugen. Was dazu nötig ist, haben Sie bereits gelesen.

Zusätzlich zu einem guten Unternehmenskonzept müssen auch Sie selbst überzeugen. Das heißt: **Das Bankgespräch optimal vorbereiten.** Unsere Tips helfen Ihnen dabei.

• **Achten Sie auf Ihre äußere Erscheinung.**
   Banker sind nun einmal konservativ – vielleicht nicht als Privatperson, aber im Beruf. Gehen Sie also nicht in Ihren besten Jeans oder im Cocktailkleid zu diesem enorm wichtigen Gespräch, sondern zum Beispiel in einer Kombination oder einem Kostüm.
• **Sie sind der Unternehmer.**
   Auch wenn Sie einen Berater zum Bankengespräch mitnehmen, sind Sie es, der reden und sein Konzept vertreten muß. Sie müssen Ihre Argumente, Ihre Zahlen und alles was dazu gehört im Kopf haben und begründen können, denn Sie wollen das Geld.
• **Fragen Sie nach öffentlichen Fördermitteln.**
   Bestehen Sie darauf, darüber zu sprechen, denn die öffentlichen Kredite haben niedrige Zinsen, lange Laufzeiten und meist eine Schon-

frist, in der noch nicht zurückgezahlt werden muß. Sie sollten sich allerdings schon vorher über die für Sie relevanten Fördermöglichkeiten informiert haben, damit Sie wissen, worum es geht und Sie dem Banker gegebenenfalls Paroli bieten können. Eine Mischfinanzierung aus öffentlichen Fördermitteln und Bankkrediten ist besser als nur Bankkredite.

• **Sprechen Sie bei mehreren Banken vor.**
Die Konditionen der Institute unterscheiden sich zum Teil erheblich. Es ist zu Ihrem eigenen Nutzen, wenn Sie vergleichen. Außerdem können Sie nicht davon ausgehen, daß gleich die erste Bank bereit ist, Ihr Vorhaben zu finanzieren.

Überzeugen Sie den Banker davon, daß es Ihnen ernst ist und daß Sie sich gründlich informiert haben. Sehr wichtig: Die schriftlichen Unterlagen, die Sie vorlegen, sollten verständlich formuliert sein. Geht es zum Beispiel bei Ihrem Projekt um ein technisch kompliziertes Produkt, verfallen Sie nicht in Fachchinesisch, sondern denken Sie daran, daß der Banker in dieser Hinsicht ein Laie ist. Und nicht vergessen: Den Banker überzeugen am besten konkrete Zahlen, die auf realistischer Recherche beruhen.

Förderprogramme für Existenzgründer

Es gibt inzwischen so viele Fördermittel, daß es Ihnen schwerfallen wird, durchzublicken. Rund 400 der insgesamt etwa 1000 Förderprogramme sind für Existenzgründer geeignet. Informationen erhalten Sie beim *Bundeswirtschaftsministerium* in *Bonn, Tel. 0228-61 60*, bei den Industrie- und Handelskammern, den Handwerkskammern und den Unternehmerverbänden sowie bei den Wirtschaftsministerien der Länder und natürlich bei allen Stellen, die Existenzgründer beraten.

Die wichtigste Anlaufstelle dürfte jedoch die *Deutsche Ausgleichsbank* (DtA) sein, *Ludwig-Erhard-Platz 1-3, 53179 Bonn, Tel. 0228-83 10, Infoline 0228-831-2400, Internet: www.dta.de* und *www.gründerzentrum.de.*

117

Die wichtigsten Förderprogramme der DtA für Existenzgründer	
EKH-Programm	Eigenkapitalhilfe-Programm. Für Neugründungen, Kauf von Unternehmen oder Erwerb einer tätigen Beteiligung, Laufzeit 20 Jahre, 10 Jahre ohne Tilgung, zwei Jahre ohne Zinsen, max. 1 Mio. DM
EKE-Programm	Eigenkapitalergänzungsprogramm. Für Unternehmen und Existenzgründer mit einem Jahresumsatz bis max. 250 Mio. DM, die in den neuen Bundesländern oder Ostberlin investieren, Laufzeit 20 Jahre
ERP-Existenz-gründungs-programm	Für gewerbliche Gründer und Freiberufler (außer in Heilberufen), Laufzeit 10 bis 15 Jahre, 3 bis 5 Jahre ohne Tilgung, Zinsen unterhalb der Marktkonditionen und auf 10 Jahre fest
DtA-Existenz-gründungs-programm	Für Existenzgründer, max. 4 Mio. DM, max. 75 % der Investitionssumme zusammen mit anderen öffentlichen Fördermitteln

Lassen Sie sich auf jeden Fall ausführlich beraten. Jedes Land und viele Kommunen und Kreise haben zusätzliche eigene Förderprogramme. Die verschiedenen Fördermittel können auch kombiniert werden.

Öffentliche Fördermittel müssen immer vor Beginn des Projekts beantragt werden. Im Nachhinein können keine Mittel bewilligt werden. Die DtA fördert nur selbständige und tragfähige Vollexistenzen. Nebenberufler werden nicht gefördert.

Serviceangebote der DtA für die neuen Bundesländer	
Sprechtage	In 27 regionalen Beratungszentren in Berlin und den neuen Bundesländern finden die Sprechtage für Existenzgründer ein- bis viermal im Monat statt. In den alten Ländern gibt es nur wenige Beratungszentren.

Runde Tische	22 Runde Tische gibt es in den neuen Bundesländern. Dort treffen sich im Krisenfall Unternehmer, Steuerberater, Hausbank, Sozialversicherungsträger und je nach Bedarf Finanzamt und Gläubiger, um eine Lösung zu finden.
DtA-Beratungsagentur	Der Sitz dieser Agentur ist in Berlin. Sie soll dabei helfen, angeschlagene Betriebe in den neuen Ländern dauerhaft auf sichere Füße zu stellen. Sie vermittelt kostenlos erfahrene Berater für krisengeschüttelte Unternehmen und solche, die ihre Marktchancen verbessern möchten und dafür Hilfe benötigen.
DtA/DIHT-Patenschaftsmodell	Experten aus dem Westen unterstützen Unternehmen in Ostdeutschland ehrenamtlich und kostenlos für das betreute Unternehmen. Es stehen etwa 200 Paten zur Verfügung.

Alternative Risikokapital – Beteiligungs- und Venture-Capital-Gesellschaften

Risikokapital bedeutet nicht, daß diejenigen, die es zur Verfügung stellen, Glücksspieler sind. Hinter den Beteiligungs- oder Venture-Capital-Gesellschaften stehen ebenso handfeste Interessen. Risikokapital gibt's **nur mit der Aussicht auf Gewinn und mit einem tragfähigen Unternehmenskonzept.** Also dieselbe Prozedur wie bei den Banken? Nicht ganz.

Die Beteiligungs- und Venture-Capital-Gesellschaften sind auf junge aufstrebende Unternehmen in Wachstumsmärkten orientiert und bieten den Unternehmen, in die sie investieren auch Unterstützung in der Unternehmensführung und -strategie an.

Das wiederum ist bei vielen Unternehmern in Deutschland verpönt – man ist selbst der Herr im Haus. Wenn Sie sich von dieser Vorstellung lösen, können Sie von einer Beteiligung viel profitieren.

119

Frühphasenfinanzierung

Tip bieten bestimmte Beteiligungs- und Venture-Capital-Gesellschaften. Sie sind für Existenzgründer vor allem interessant.

Wenig Chancen auf Risikokapital haben Sie, wenn Sie ein Restaurant eröffnen möchten. Die besten Chancen haben Sie, wenn Sie in einem Wachstumsmarkt wie zum Beispiel der Biotechnologie oder der Telekommunikation tätig werden wollen.

Als Existenzgründer sollten Sie sich an Beteiligungs- und Venture-Capital-Gesellschaften wenden, die in der **Frühphasenfinanzierung** tätig sind. Im Fachchinesisch Seed-, Start-up- und First-stage-Finanzierung genannt. Diese Gesellschaften steigen ein, wenn Unternehmen oder Erfinder Geld für die Entwicklung eines Produkts, eine Marktanalyse und die Erarbeitung eines Unternehmenskonzepts benötigen. Auch die Vorbereitung eines Produkts für die Markteinführung, hohe Forschungskosten oder der Ausbau von Produktionsanlagen gehören in diesen Bereich.

Dafür gibt es Beteiligungskapital:

• für technologie-orientierte Unternehmensgründungen
• zur Finanzierung von Forschungsvorhaben
• zur Finanzierung größerer Investitionen (Immobilien, Maschinen)
• für Wachstumsfinanzierung
• um ein Produkt an den Markt zu bringen
• zur Konsolidierung eines Unternehmens

Vorteile einer Beteiligung für den Jungunternehmer	Vorteile einer Beteiligung für den Geldgeber
• Unterstützung in der Betriebsführung und der strategischen Ausrichtung • Hilfe beim Markteinstieg (besonders für ausländische Märkte nützlich) • Kontaktvermittlung zu anderen Partnern und Unternehmen	Wertzuwachs durch • den Rückkauf der Beteiligung durch den Unternehmer • den Kauf der Beteiligung durch andere Investoren • eine spätere Börseneinführung des Unternehmens

Kontaktaufnahme: *Bundesverband Deutscher Kapitalbeteiligungsgesellschaften e.V., Karolingerplatz 10-11, 14052 Berlin Tel. 030-30 69 82-0, Fax 030-30 69 82-20*

Es gibt verschiedene Beteiligungsgesellschaften:

- **Private Beteiligungsgesellschaften**
  Dahinter stehen normalerweise Banken, Versicherungen, Industrieunternehmen etc. Sie steigen ab einer Beteiligungssumme von etwa einer Million DM ein.
- **Öffentlich geförderte mittelständische Beteiligungsgesellschaften**
  Sie werden von den Bundesländern getragen und steigen schon bei kleineren Summen ein.
- **Die Beteiligungsgesellschaften der Deutschen Ausgleichsbank (DtA)**
  Dabei handelt es sich in erster Linie um die Bereitstellung von Kapital in der Aufbauphase eines Unternehmens und die Technologiebeteiligungsgesellschaft (tbg) der DtA.

Befassen Sie sich mit dem Gedanken an eine Kapitalbeteiligung zumindest dann, wenn Sie eine zu geringe Eigenkapitaldecke haben beziehungsweise befürchten. Nach jüngsten Studien sind Kapitalbeteiligungsgesellschaften bei Mittelständlern nicht beliebt, obwohl sie meist Knowhow einbringen, das dem Unternehmen nützt. Während in Deutschland 1997 das auf diese Weise investierte Kapital nur bei sieben Milliarden DM lag, belief es sich in Großbritannien fast auf das Doppelte – 13 Milliarden DM. Auch die Töpfe in Deutschland sind voll – informieren Sie sich.

Stuttgarter Börse hilft bei Risikokapital

Die Stuttgarter Börse glaubt, mit dem Aufbau eines Marktes für Beteiligungskapital eine Marktnische gefunden zu haben, die sie von den anderen Börsenplätzen unterscheidet. An der Stuttgarter Börse hat man erkannt, **daß die Jungunternehmer bei der Suche nach Beteiligungskapital Unterstützung benötigen,** und genau diesen Service möchte die Börse bieten. Die Börse möchte Kontakte zwischen Jungunternehmern und potentiellen Investoren vermitteln, unter Umständen auch anonym.

121

Die Stuttgarter Börse bietet **folgende Leistungen:**
- Überprüfung Ihres Unternehmenskonzepts auf Venture-Capital-Eignung
- Erarbeitung eines aussagekräftigen Unternehmensexposés
- Unterstützung bei der Lösung von Problemen, die einer erfolgreichen Finanzierung im Wege stehen
- Einführung bei renommierten Investoren
- Unterstützung bei Private Placement und Börsengang

> Natürlich ist dieser Service nicht kostenlos, aber: Die Vergütung wird erst fällig, wenn tatsächlich Wagniskapital fließt.

Kontaktaufnahme: *Baden-Württembergische Wertpapierbörse zu Stuttgart Königstraße 29 (im Königsbau), 70173 Stuttgart Tel. 0711-222 985-20, Fax 0711-222 81 19 e-mail* <u>*wagniskapital@boerse-stuttgart.de*</u>

Ansprechpartner sind: Dr. Rüdiger Braun
Dr. Claudia Gloistein
Ramona Walz

Auf einen Blick

- Ein Existenzgründer sollte über ein Eigenkapital verfügen, mit dem er 20 bis 30 Prozent der Ausgaben für die Gründung abdecken kann.
- Banken wollen Sicherheiten und sind nur durch ein realistisches Konzept mit fundierten Zahlen zu überzeugen.
- Es gibt zahlreiche finanzielle Förderprogramme für Existenzgründer. Der erste Ansprechpartner neben Ihrer Hausbank ist die *Deutsche Ausgleichsbank (DtA), Infoline 0228-831-2400.*
- Nach Ansicht von Experten, steht auch in Deutschland genug Risikokapital zur Verfügung, allerdings verlangen auch Investoren ein tragfähiges Konzept. Und das haben viele Existenzgründer nicht vorzuweisen.
- Risiko- beziehungsweise Wagniskapital wird in erster Linie für junge Unternehmen im High-tech-Bereich oder in anderen Wachstumsmärkten bereitgestellt.

Gut geplant ist halb gewonnen

Sie wissen jetzt, daß Sie eine **sorgfältige Marktanalyse** brauchen, um Ihre Produkte an den Mann beziehungsweise an die Frau zu bringen.

Sie wissen ferner, wo Sie **fachliche und finanzielle Unterstützung** erhalten.

Und Sie wissen schließlich, daß ein Unternehmenskonzept einschließlich **einer fundierten Finanzplanung unerläßlich ist** – nicht nur für einen guten Start, sondern überdies für eine dauerhaft solide Finanzierung.

Was Sie noch nicht wissen: **Wie kommen Sie zu einer vernünftigen Kostenplanung?** Dazu müssen Sie nämlich zunächst Ihren Bedarf festlegen, entscheiden was nötig und was unnötig ist, sowie Ihre Umsatzerwartungen definieren. Für letztgenannten Aspekt ist die Preisfindung für Ihr Produkt beziehungsweise Ihre Dienstleistung von großer Wichtigkeit.

Kein Produkt entsteht aus dem Blauen

Jeder, der ein Produkt oder eine Dienstleistung anbietet, muß planen:
• Kosten
• Arbeitsplatz
• Raumbedarf
• Logistik und Zeitaufwand

Es ist ein Unterschied, ob ein Unternehmen zum Beispiel Pressetexte, Computerprogramme oder Pflegeleistungen im Haus des Kunden anbietet oder ob es tatsächlich produziert, also ein Produkt herstellt.
Als Dienstleister genügt Ihnen unter Umständen als Arbeitsplatz ein Arbeitszimmer mit PC oder ein ausgebauter Dachstock. Bill Gates begann bekanntlich in der Garage. **Als Hersteller eines technischen Produkts benötigen Sie freilich viel mehr:**

- **Platz** für
  - Maschinen und Produktionsanlagen
  - Rohstofflager
  - Hilfs- und Betriebsstoffe
  - Zwischenlager
  - Endlager

- **Logistik und Fachleute** für
  - Transport
  - Materialdisposition
  - Qualitätssicherung
  - Entwicklung/Konstruktion
  - Produktions- und Fertigungsplanung
  - Erprobung
  - Umweltverträglichkeit und Abfallentsorgung

- **Material**
  - für die eigene Produktion
  - zugekaufte Teile
  - Verpackungen

Sowohl der Raumbedarf als auch die Finanzierungs-, Material- und Betriebskosten und der Personalbedarf müssen im voraus kalkuliert werden.

> Produzierende Unternehmen haben in der Regel einen sehr viel höheren Finanzierungsbedarf als Dienstleister. Sie müssen nicht nur die Zeit zwischen der Unternehmens-Eröffnung und der Erfüllung und der Bezahlung der ersten Aufträge überbrücken, sondern haben zusätzlich die Kosten für Produktionsanlagen und Material zu tragen.

Beispiel: *Ein Ingenieur bietet Unternehmen seine Leistungen als Konstrukteur an. Sein Arbeitsplatz ist ein großer Raum im eigenen Haus, sein Arbeitsmaterial der PC mit einem Konstruktionsprogramm. Die Kosten für PC und Software sind alles, was er zu tragen hat. Und natürlich sollte er noch einen Verdienstausfall über einige Monate einkalkulieren.*
Ein anderer Ingenieur hat ein neuartiges Bearbeitungsverfahren von Metall-

produkten entwickelt und möchte die Maschinen bauen, mit denen dies zu verwirklichen ist. Er braucht viel Platz, Produktionsanlagen, Material und Angestellte. Seine Investition beträgt ein Vielfaches dessen, was sein Kollege investieren muß.

Es ist entscheidend für den Erfolg Ihres Unternehmens, daß Sie die Anschubkosten für Ihr Projekt vollständig berechnen und bei der Finanzierung berücksichtigen sowie Ihren Platz- und Personalbedarf richtig einschätzen. Kaufen oder mieten Sie nicht überdimensioniert, aber achten Sie darauf, daß Platz für die Erweiterung Ihres Unternehmens zur Verfügung steht.

Wohin mit der Firma?

Die Standortfrage und die Kosten für die Räumlichkeiten sind für ein junges Unternehmen von enormer Bedeutung, besonders wenn es sich um ein Ladengeschäft für jedermann handelt, also zum Beispiel um ein Bekleidungs- oder Lebensmittelgeschäft, um einen Buchladen oder einen Fliesenhandel. Dasselbe gilt für ein Restaurant.

Kriterien für die Standortwahl im Einzelhandel	
Passantenfrequenz	Sofern es sich nicht um ein absolutes Spezialgeschäft handelt, zu dem die Kunden sowieso von weither anreisen müssen, sollten möglichst viele Leute pro Stunde das Geschäft passieren. Auch eine gleichmäßige Frequenz ist wichtig.
Kaufkraft und Kaufgewohnheiten vor Ort	Ein Laden mit hochpreisigen Designerartikeln hat in der Fußgängerzone einer Großstadt sicherlich bessere Chancen als in einer Kleinstadt, in der die Leute mehr aufs Geld achten und in der auch gar nicht genügend potentielle Kunden zur Verfügung stehen.

Umfeld	Der Laden sollte mit seinem Sortiment einigermaßen ins Umfeld passen. In einer Vorort-Ladenstraße mit überwiegend kaufschwachem Publikum hat zum Beispiel ein Feinschmeckerladen schlechte Chancen. Je mehr anziehende Geschäfte sich an einem Fleck befinden, desto größer die Attraktion für die Kunden.
Parkplätze und Erreichbarkeit	Die meisten Leute fahren mit dem Auto zum Einkaufen und möchten einen Parkplatz möglichst direkt vor dem Laden. Je sperriger oder schwerer die Ware ist, die Sie anbieten, desto wichtiger wird der nahe Parkplatz und die gute Erreichbarkeit per Auto.
Miete	Selbst wenn die anderen Faktoren stimmen, kann es sein, daß die Miete letztlich über den Standort entscheiden muß. Allerdings darf diese Überlegung nicht vorrangig bestimmend sein.

Selten ist das billigste Angebot das beste. Gerade im Einzelhandel spielen Passantenfrequenz und Kundenbequemlichkeit eine große Rolle, und dafür muß man zahlen. Es gibt jedoch Fälle, in denen sich diese beiden Punkte relativieren. Dasselbe gilt für Restaurants.

 Ein italienischer Unternehmer **handelt mit Lebensmitteln.** Er grenzt sich durch ein günstiges Angebot von den inzwischen überall verbreiteten Edelitalienern ab. Seinen Laden eröffnet er in einem Industriegebiet vor den Toren der Stadt, wo die Mieten sehr günstig sind. Er verfügt deshalb über einen großen Laden- und Lagerraum sowie über genügend Parkplätze direkt vor dem Geschäft. Mit einem Werbebrief macht er italienische Gastwirte auf sein Geschäft aufmerksam. Sehr schnell kaufen viele Gastwirte bei ihm ein. Die im Industriegebiet arbeitenden Leute empfinden das günstige Angebot direkt um die Ecke als sehr praktisch und günstig und kaufen ebenfalls ein.

Als viele Kunden sich bei dem Ladeninhaber nach einem günstigen Mittagstisch erkundigen, baut er an und betreibt mittlerweile sehr erfolgreich ein Restaurant, in dem es schnelle und preiswerte Pizza- und Nudelgerichte sowie Salatteller gibt. Das Restaurant ist nur zu den Ladenöffnungszeiten geöffnet, von 9 bis 18 Uhr, denn die Kundschaft besteht zu 90 Prozent aus den im Industriegebiet Beschäftigten oder Besuchern der Firmen.

Ein Ehepaar hat in einem kleinen Ort einen **Zoofachhandel** eröffnet, der auf die Ausstattung von Aquarien spezialisiert ist. Durch Inserate in den Tageszeitungen der umliegenden Kleinstädte und der Großstadt wurden erste Kunden gewonnen. Mittlerweile hat sich das Geschäft einen sehr guten Ruf erworben, die Kunden reisen aus bis zu 100 Kilometern Entfernung an. Eine solche Entwicklung ist möglich, weil die Aquaristik ein Spezialgebiet ist und das Unternehmen sehr sorgfältig geführt wird und über ein gutes Angebot verfügt, besonders im Bereich Salzwasser, den nur sehr wenige Anbieter überhaupt abdecken.

Kriterien für die Standortwahl von Industriebetrieben	
Nähe zum Kunden	Immer mehr Industriekunden verlangen von ihren Lieferanten schnelle Lieferung, Großkunden sogar Präsenz vor Ort. Da zahlt sich räumliche Nähe unter Umständen aus.
Verkehrslage, Platzbedarf und Preise	Für Industrieunternehmen, die ihre Waren auch transportieren müssen, sind gute Straßen (eventuell Zug- und Flugverbindungen) sehr wichtig. Ausreichend Platz (auch für spätere Erweiterungen) und Boden- bzw. Mietpreise sind weitere Kriterien.
Arbeitsmarkt	Wer entwickelt und produziert ist meist auch auf entsprechende Fachkräfte angewiesen. Es muß also vor Ort genügend gut ausgebildete Leute geben.

Nachbarn und Umfeld	Idealerweise sollten sich am Standort des Unternehmens nicht nur potentielle Kunden befinden, sondern auch Lieferanten oder Branchen, von denen der Unternehmer profitieren kann (Synergieeffekte).
Auflagen/ Umweltschutz	Nicht jeder Standort ist für jede Art von Produktionsunternehmen geeignet. Erkundigen Sie sich vorab genau.

Personalplanung

Je nachdem, welcher Art Ihr Unternehmen ist, müssen Sie sich darüber Gedanken machen, **ob Sie Mitarbeiter einstellen, wie viele und welche Qualifikation** diese haben sollten. Manche Jungunternehmer kommen auch in der ersten Zeit nach der Unternehmensgründung ganz gut alleine zurecht, haben dann aber mit zunehmendem Erfolg wachsende Schwierigkeiten, alles selbst zu bewältigen.

Trotzdem schrecken viele junge Unternehmer davor zurück, Arbeitskräfte einzustellen, da sie die hohen Kosten scheuen. Doch auf Dauer ist das keine Lösung. Überlegen Sie statt dessen, ob Sie mit einer „kleinen Lösung" klarkommen, zum Beispiel mit **sozialversicherungsfreien Teilzeitangestellten** oder mit freien Mitarbeitern. Sobald Sie zu dem Schluß kommen, daß Sie Personal brauchen, sollten Sie sich überlegen

- Wieviel Personal brauche ich?
- Was sind die Aufgaben des Personals?
- Wie soll die Qualifikation aussehen?
- Wie hoch werden die Kosten sein?
- Welche Entlastung bringt es für mich?

Um die letzte Frage gleich vorweg zu beantworten: Personal bringt Ihnen anfangs möglicherweise gar keine Entlastung. Im Gegenteil, Sie werden zusätzliche Arbeit haben. Sie müssen höchstwahrscheinlich die Abläufe im Unternehmen etwas umorganisieren und Sie müssen die Leute einlernen, auf Ihre Produkte, auf Ihre Systematik, auf Ihre Kunden.

Je unvorbereiteter und unsystematischer Sie die Personalfrage angehen, desto schlechter für die weitere Entwicklung Ihres Unternehmens. Unmotivierte und inkompetente Mitarbeiter schaden einem Unternehmen. Viele Mitarbeiter, die nicht richtig ins Unternehmen eingeführt werden, kündigen innerhalb des ersten Jahres. Also: voller Einsatz.

Das müssen Sie bei der Mitarbeiterauswahl beachten	
Organigramm der Firma anfertigen	Ein Organigramm zeigt den organisatorischen und hierarchischen Aufbau eines Unternehmens oder einer Abteilung. Der Mitarbeiter sieht genau, in welcher Position er sich befindet.
Arbeitsplatzbeschreibung anfertigen	Darin muß enthalten sein: – die Art der Tätigkeit (z. B. Sekretärin) – einzelne Aufgaben – Vorgesetzte – Arbeitszeit
Anforderungskriterien für die Ausbildung festlegen	Dazu gehören: – Schulabschluß – Ausbildungsberuf – Zusätzliche Qualifikationen, z. B. bestimmte Fremdsprachen- oder PC-Kenntnisse
Anforderungsprofil für die Berufserfahrung festsetzen	Dazu gehören unter anderem: – mehrjährige Berufserfahrung in derselben Branche – Führungserfahrung – Auslandserfahrung – Konstruktionserfahrung

129

Für die Kandidatenbewertung eine systematische Analyse durchführen	Wenn Sie die Bewerbungsunterlagen der Kandidaten studieren, sollten Sie sie nach einem einheitlichen System bewerten. Das kann zum Beispiel ein Punkte- oder Notensystem sein.
Vorstellungsgespräche strukturieren	Bereiten Sie sich auf das Vorstellungsgespräch vor. Stellen Sie Fragen nach – dem Ausbildungs- und Berufsweg – dem Motiv für die Bewerbung – beruflichen Zielen – Weiterbildungsplänen – Ggf. nach der Bereitschaft zum Umzug – Lücken im Lebenslauf, z. B. Zeiten der Nicht-Berufstätigkeit Stellen Sie das Unternehmen und den Arbeitsplatz vor und erläutern Sie die Inhalte des Arbeitsvertrags.

Hüten Sie sich davor, jemanden nur auf Empfehlung eines Dritten einzustellen, oder einem Freund, „der gerade nichts zu tun hat", eine Stelle anzubieten. Sie (oder der dafür zuständige Mitarbeiter) sollten die Mitarbeiterauswahl immer selbst und nach genauer Prüfung mehrerer Kandidaten treffen. Das gilt auch für Teilzeitkräfte. Bevor Sie sich endgültig entscheiden, sollten Sie sich als letzte Kontrolle die Frage stellen, ob der Auserwählte wirklich in die Firma paßt.

Mitarbeiterführung

Haben Sie es geschafft, gute Mitarbeiter einzustellen, ist längst noch nicht alles gewonnen. Jetzt müssen Sie die Neuen auch bei der Stange halten. Das heißt: Sie müssen Sie **einlernen, motivieren und fördern**. Der Unternehmer ist der Chef und verantwortlich für die Mitarbeiterführung in seinem Unternehmen.

Personal ist eine Form des Kapitals, über das ein Unternehmen verfügt. Erzielen Sie eine optimale Rendite, indem Sie die Kreativität und damit das Entwicklungspotential Ihrer Mitarbeiter fördern.

10 Goldene Regeln für zufriedene und motivierte Mitarbeiter

1 Setzen Sie Ihre Mitarbeiter immer ihrer Qualifikation und ihren Fähigkeiten entsprechend ein.

2 Legen Sie die Aufgaben und Kompetenzen der Mitarbeiter eindeutig fest.

3 Geben Sie klare Ziele (oder auch Etappenziele) vor.

4 Wenn Sie delegieren, tun Sie es richtig. Delegieren heißt auch, Verantwortung, Befugnisse, Kompetenzen und Informationen abzugeben.

5 Bieten Sie Ihren Mitarbeitern Handlungsspielräume und Entwicklungsmöglichkeiten an.

6 Fördern Sie gute Ideen.

7 Gehen Sie mit Konflikten offen um. Sie sind eine positive Herausforderung und keine Bedrohung.

8 Informieren Sie Ihre Mitarbeiter rechtzeitig über wichtige Vorgänge im Unternehmen.

9 Machen Sie nicht alles zum „heißen Eisen" oder „brandeilig" – das nimmt Ihnen bald keiner mehr ab.

10 Tadeln Sie niemals öffentlich und niemals unbegründet. Tadel muß konstruktiv sein, einen Vorschlag zur Verbesserung beinhalten.

Ziel Ihrer Handlungen im Personalbereich sollte der optimale Nutzen der Mitarbeiter für das Unternehmen sein. Nur kreative Mitarbeiter bringen ein Unternehmen vorwärts. Kreativität muß Freiraum haben. Aber: Nicht jeder Mitarbeiter kann mit Freiraum derselben Größe umgehen. Tragen Sie der Individualität Ihrer Mitarbeiter Rechnung.

Weiterbildung und betriebliches Vorschlagswesen

Lebenslanges Lernen ist heutzutage ein Grundprinzip für alle geworden, die mit neuen Techniken Schritt halten und innovationsfähig bleiben wollen. **Weiterbildung** ist deshalb in den meisten Bereichen des Arbeitslebens unverzichtbar geworden.

Es gibt drei Bereiche, in denen Weiterbildung nötig werden kann:
* **fachliche Weiterbildung**
  Neue Techniken und Verfahren in einem Fachgebiet, neue Materialien, Meßmethoden etc.
* **soziale Kompetenz**
  Kommunikations- und Teamfähigkeit, Gruppendynamik, Konfliktmanagement
* **Schlüsselkompetenzen**
  Führungswissen, betriebswirtschaftliche Grundkenntnisse, Kunden- und Ertragsorientierung etc.

Weiterbildung sollte sich am bestehenden und künftigen Bedarf des Unternehmens orientieren. Weiterbildung sollte Teil der Unternehmensstrategie sein. Die Mitarbeiter sollten konkret mit einbezogen werden. In Mitarbeitergesprächen läßt sich der konkrete Förderbedarf am besten feststellen.

Tip

Ein betriebliches Vorschlagswesen

das gut funktioniert, erhöht Kreativität und Innovationskraft eines Unternehmens.

Das **betriebliche Vorschlagswesen** ist nicht nur für Großbetriebe sinnvoll, sondern auch für kleinere Einheiten. Derjenige, der vor Ort tagtäglich eine Arbeit verrichtet, wird damit ermuntert, darüber nachzudenken und sich neue Lösungen für Produkte und Prozesse einfallen zu lassen. Langfristig erhöht ein gut funktionierendes betriebliches Vorschlagswesen die Innovationskraft, die Qualität von Produkten und Produktionsprozessen.

Das betriebliche Vorschlagswesen sollte **nach festen Spielregeln** ablaufen.

Folgende Punkte sind dabei wichtig:

• Werben Sie für das betriebliche Vorschlagswesen und sorgen Sie dafür, daß die Mitarbeiter die Abläufe kennen.

• Beauftragen Sie einen Mitarbeiter mit der Betreuung diese Bereichs.

• Es muß klar festgelegt sein, was eine Verbesserung ist (erhöhte Arbeitssicherheit, reduzierte Umweltbelastungen, höhere Rentabilität etc.)

• Abgelehnte Verbesserungsvorschläge sollten nicht einfach unter den Teppich gekehrt, sondern im Gespräch mit dem betreffenden Mitarbeiter diskutiert werden.

• Die Prüfung von Verbesserungsvorschlägen sollte innerhalb eines bestimmten Zeitrahmens erfolgen.

• Das Bewertungssystem muß einheitlich, transparent und gerecht sein.

Alternativen zu eigenem Personal

Mancher Jungunternehmer rechnet sich aus, was ihn das eigene Personal kostet, – und bleibt dann doch lieber „solo". Grundsätzlich kostet eine Vollzeitkraft einschließlich Arbeitsplatz **mindestens 50 Prozent mehr** als sie tatsächlich brutto verdient. Wenn man den Arbeitsplatz dazu rechnet, erhöht sich der Betrag erheblich.

Außerdem ergeben sich weitere Anforderungen, zum Beispiel hinsichtlich der **Arbeitsplatzsicherheit**, der **Arbeits- und Sozialräume**, die mitunter so hoch sind, daß sie sich der frisch gebackene Unternehmer gar nicht leisten kann.

> **Die Kosten für eine Vollzeitkraft**
>
> **Tip**
>
> betragen mindestens 50 % mehr als diese brutto verdient.

> Bevor Sie also jemanden einstellen, sollten Sie sich genauestens über die geltenden Vorschriften und die damit verbundenen Kosten informieren, zum Beispiel bei der IHK oder den Berufsgenossenschaften.

So gilt beispielsweise für Arbeitsräume eine bestimmte Mindestraumhöhe. Das heißt: Wenn Sie als Lieferant von PC-Programmen in einem

133

ausgebauten Dachstock Ihres Einfamilienhauses arbeiten, darf das eine Sekretärin, die Sie einstellen, noch lange nicht. Also Vorsicht!

Alternativen zur Einstellung von eigenem Personal gibt es viele:
- Einzelne Aufträge nach außen vergeben, also an andere Selbständige, zum Beispiel an Grafiker, Fremdkonstrukteure, Übersetzer, etc.
- Dienstleister für Routinearbeiten in Anspruch nehmen, zum Beispiel Sekretariatsdienste, Call Center, Agenturen.

Aufträge an andere Unternehmen oder Freiberufler zu vergeben, spart in der Regel Kosten. Doch nicht in jedem Fall ist der Nutzen gleich hoch zu bewerten. Wenn Sie zum Beispiel Konstruktionsaufträge nach außen vergeben, bleibt das Know-how ebenfalls „draußen". Achten Sie darauf, daß Dinge, die Ihnen gehören (zum Beispiel eine Konstruktion oder eine Adressdatei), sich auch tatsächlich in Ihrer Verfügungsgewalt befinden. Später, wenn die Fremdfirma beispielsweise nicht mehr existiert, kommen Sie nur noch sehr schwer an Ihre Unterlagen und Daten heran.

Personal für den Vertrieb

Der Vertrieb kümmert sich um den Absatz Ihrer Produkte. Die meisten Existenzgründer übernehmen diese Aufgabe zunächst selbst. Viele erledigen sie mehr schlecht als recht. Denn Vertrieb bedeutet letztlich Verkauf, und nicht jeder Mensch ist ein Verkäufer. Im Gegenteil: Manche Menschen werden niemals gute Verkäufer. Falls Sie zu ihnen gehören, sollten Sie sich mit dem Gedanken befassen, einen Verkäufer einzustellen. Egal wie gut Ihr Produkt ist – wird es nicht verkauft, können Sie Ihr Unternehmen früher oder später schließen.

Test: Haben Sie die Grundvoraussetzungen zum Verkäufer?

Testfrage	Trifft zu	Trifft eher nicht zu	Trifft nicht zu
1. Ich gehe schnell und offen auf andere Menschen zu.			

2. Es macht mir nichts aus, viel unterwegs zu sein.			
3. Ich brauche eine Weile, bis ich aus mir herausgehe.			
4. Ich kann andere Menschen gut überzeugen.			
5. Es fällt mir leicht, vor Publikum zu sprechen.			
6. Meine vertraute Umgebung ist mir am liebsten.			
7. Ich bin kein Freund von schnellen Entscheidungen.			
8. Small Talk halte ich für Zeitverschwendung.			
9. Jeder Mensch ist interessant.			
10. Mit Fremden werde ich leicht unsicher.			

Haben Sie die Fragen 1,2,4,5 und 9 mit „trifft zu" beantwortet, haben Sie ein optimales Ergebnis erzielt. Die wichtigsten Eigenschaften eines Verkäufers sind:

• Offenheit
• Freundlichkeit und Höflichkeit
• Flexibilität
• Entscheidungsfreudigkeit
• Interesse an Menschen und Dingen
• Sensibilität

Als Verkäufer müssen Sie Ihre Kunden spiegeln. Das bedeutet, Sie müssen sich in die Welt des Kunden, in sein Denken und seine Wahrnehmung einfühlen. Wenn Sie ihn spiegeln, werden Sie ihm vertrauter erscheinen. Er wird Ihnen gegenüber offener und zugänglicher werden. Die „Spiegel-Theorie" ist der Grundgedanke, der zum Beispiel da-

135

hinter steckt, wenn Trainer empfehlen, sich auch im äußeren Erscheinungsbild dem Umfeld des Kunden anzupassen. Zum Beispiel sollten Sie niemals einen Kleinunternehmer im hellen Anzug besuchen. Sie werden ihm in dem Outfit fremd bleiben, egal wie gut Ihre Produkte und Verkaufsargumente sind.

Das wirkt positiv auf den Kunden	Das wirkt negativ auf den Kunden
• offenes Lächeln, freundliche Begrüßung • schütteln Sie Ihrem Kunden die Hand • nennen Sie Ihren Namen deutlich • reden Sie den Kunden mit Namen an • kennen Sie den Kunden, sollten Sie sich nach seinem Befinden oder nach dem Gang der Geschäfte erkundigen • gehen Sie auf die Sorgen des Kunden mit seinem Produkt, seinem Unternehmen, seinen Mitarbeitern ein • nehmen Sie Reklamationen ernst • behandeln Sie kleine und große Kunden zuvorkommend • machen Sie Preise und Leistungen deutlich	• undeutliches Sprechen • wenn Sie ständig auf die Uhr schauen • wenn Sie schlecht über andere Kunden oder Lieferanten sprechen • wenn Sie Reklamationen übergehen oder nicht oder nur sehr langsam bearbeiten • wenn Sie feilschen. Machen Sie klar, wo Ihre Rabattgrenze liegt und bleiben Sie dabei • Geschäft pur – manche Käufer brauchen Zeit, um sich auf den Verkäufer einzustellen

Haben Sie Zweifel an Ihren Fähigkeiten als Verkäufer, stellen Sie jemanden ein. Mit dem Vertrieb Ihrer Produkte steht und fällt Ihr Unternehmen. Entgegen weit verbreiteter Meinung sind Frauen als Verkäufer nicht zu verachten. Frauen haben in der Regel mehr soziale Kompetenz als Männer. Und viele Frauen sind hoch motiviert, besonders, wenn sie nach der Kinderpause zurück in den Beruf möchten. Lassen Sie sich nicht von fehlenden technischen Kenntnisse abschrecken. Die kann man lernen. Viel wichtiger ist das „Bauchgefühl", eine hohe Sensibilität für andere Menschen und ihre Bedürfnisse.

Preise mit Fingerspitzengefühl festlegen

Es gibt nur sehr wenige Preise, die von vornherein feststehen. Eine Preisbindung existiert für Arzneien, Bücher, Zeitschriften und Zeitungen. Bei allen anderen Produkten und Dienstleistungen können der Hersteller und der Verkäufer den Preis festsetzen, allerdings nicht völlig frei, denn der Markt spricht natürlich ein gewichtiges – vielfach sogar das entscheidende – Wort mit.

Der Preis wird grundsätzlich bestimmt durch:
• Materialkosten
• Fertigungskosten
• Gemeinkosten (Personal, Verwaltung, Vertrieb etc.)
• Gewinn

Darüber hinaus sollte in die Preiskalkulation einfließen:
• Preise der Konkurrenz
• Was unterscheidet Ihr Produkt von der Konkurrenz?
• Welche Preisnachlässe gewähren Sie (Rabatt/Skonto)?
• Zahlungsbedingungen
• Reklamationskosten
• Psychologische Preisfestsetzung, zum Beispiel 9,99 DM

Die Festsetzung eines marktgerechten Preises gestaltet sich zunehmend schwieriger. Ein gutes Beispiel hierfür ist der PC-Markt. Versand- und Internethandel, die normalerweise ohne Serviceleistungen arbeiten, können Dumping-Preise anbieten, bei denen der Fachhändler nicht mithalten kann. In solchen Fällen müssen Sie auf Serviceleistungen setzen. Überlegen Sie sich den Einstieg in einen Markt, der bereits aufgeteilt ist und in dem über den Preis um Marktanteile gekämpft wird, gut. Ein junges Unternehmen tut sich hier sehr schwer. Die Preiskalkulation muß ebenso wie die Kosten immer wieder überprüft werden.

Umsatzerwartung konkret

Sie wissen bereits, wie wichtig die Berechnung des erwarteten Umsatzes für die Finanzplanung eines Unternehmens ist. Doch Existenzgründer tun sich gerade dabei sehr schwer. Kein Wunder, denn die Umsatzerwartung ist von vielen Unsicherheitsfaktoren und Risiken geprägt – **besonders bei innovativen Neugründungen.**

Gehen Sie bei der Errechnung Ihrer Umsatzerwartung Schritt für Schritt vor:

• Ermitteln Sie das Umsatzpotential durch eine genaue Marktanalyse.
• Legen Sie aufgrund der Marktanalyse die erwarteten Umsatzerlöse für die ersten drei Jahre quartalsweise fest.
• Unterteilen Sie die erwarteten Umsatzerlöse nach Produktgruppen.
• Berücksichtigen Sie saisonale Einflüsse (Sommerloch!).
• Erstellen Sie Tabellen und Grafiken. Sie machen die Übersicht leichter.
• Stellen Sie der Planung Ihrer Umsatzerlöse Ihre Kostenerwartungen gegenüber. Dazu gehören Direktkosten (zum Beispiel Material- und Herstellungskosten) sowie Fixkosten (zum Beispiel Miete, Personal etc.).
• Vergleichen Sie ständig Ihre Erwartungen mit der Realität und korrigieren Sie Ihre Planungen entsprechend.

So könnte eine Umsatzplanung in der Dreijahresvorschau aussehen: Beispiel Redaktionsbüro

Produktgruppe	1997	1998	1999	Durchschnitt
Artikel für Zeitschriften	20.000	10.000	10.000	13.333
Fotos	8.000	10.000	10.000	9.333
PR-Texte	5.000	15.000	20.000	13.333
Geschäftsberichte	3.000	10.000	15.000	9.333
Vorträge und Seminare		5.000	10.000	5.000

Fachbücher	15.000	15.000	20.000	16.666
Mitabeiterzeitschriften		30.000	50.000	26.666
Tantiemen aus Urheberrechten	1.000	3.000	5.000	3.000
Umsatzerlös	**52.000**	**98.000**	**140.000**	**96.664**

Gehen Sie bei Ihren Planungen nicht davon aus, wieviel Umsatz gebraucht wird, sondern orientieren Sie sich daran, wieviel Umsatz der Markt voraussichtlich hergeben wird.

Geben Sie sich nie mit einer Planung zufrieden, sondern erstellen Sie am besten drei Varianten: optimistisch, realistisch, pessimistisch. Es ist in jedem Fall nützlich, den worst case, den schlimmsten Fall, durchzuspielen. Daran können Sie nicht nur sehen, wie lange Sie durchhalten, sondern auch, ob das Konzept überhaupt tragfähig ist. Und vergessen Sie nie den Abgleich mit den Kosten. Wichtig ist, was übrigbleibt.

Zur Beruhigung: Je nach dem, was für eine Art von Unternehmen Sie gründen, liegen rote Zahlen in den ersten beiden Jahren durchaus im Bereich des Normalen.

Auf einen Blick

- Raum-, Material- und Personalbedarf sowie die Betriebskosten bestimmen entscheidend die Kosten, die im Unternehmen entstehen.
- Produzierende Unternehmen haben in der Regel einen größeren Finanzierungsbedarf als Dienstleistungsunternehmen. Eine richtige Einschätzung des Finanzierungsbedarfs ist wichtig.
- Der Standort hat besonders bei Einzelhandelsgeschäften oder Restaurants Einfluß auf den Umsatz und damit die Einnahmen.
- Personal ist teuer, aber nötig.
- Gutes und zufriedenes Personal ist ein Kapital, das eine gute Rendite in Form neuer Ideen abwirft.
- Personalsuche ist Chefsache, muß überlegt und systematisch erfolgen.

- Wer seine Mitarbeiter am allzu kurzen Zügel führt, engt ihre Kreativität ein.
- Eigenes Personal kostet Geld. Eine Alternative sind freie Mitarbeiter oder Aufträge an andere Firmen. Wichtig: die Kontrolle behalten.
- Wer Mitarbeiter einstellt, sollte sich vorab über Arbeitsschutzbestimmungen etc. informieren.
- Weiterbildung sollte Teil der Unternehmensstrategie sein und sich am jetzigen und zukünftigen Bedarf des Unternehmens orientieren.
- Der Umgang mit Verbesserungsvorschlägen der Mitarbeiter (betriebliches Vorschlagswesen) muß verbindlich und transparent geregelt sein.
- Der Vertrieb bzw. Verkauf ist das Herzstück des Unternehmens. Wer nichts verkauft, kann nicht überleben.
- Verkäufer sind eine besondere Spezies. Sind Sie selbst keiner, sollten Sie unbedingt einen einstellen.
- Preise sind prinzipiell ein Marketinginstrument. Entscheidend in der Preisfrage ist, ob der festgesetzte Preis vom Markt akzeptiert wird.
- In die Preisfestsetzung fließen verschiedene Faktoren ein, Kosten, Gewinnerwartung, aber auch die Preise der Konkurrenz.
- Die Umsatzerwartung sollte aufgrund einer umfassenden Marktanalyse für drei Jahre quartalsweise erstellt werden. Sie muß ständig an der Wirklichkeit gemessen und gegebenenfalls korrigiert werden.
- Es empfiehlt sich, die Umsatzerwartung einmal mit einem optimistischen und einmal mit einem pessimistischen Ansatz durchzurechnen.
- Der Planung Ihrer Umsatzerlöse müssen die Kostenerwartungen gegenüber gestellt werden.

So werben Sie Kunden

Jeden zweiten Dollar, den man für Werbung ausgebe, könne man ebenso gut aus dem Fenster werfen. Keinem Geringeren als Henry Ford wird diese Erkenntnis zugeschrieben. Und er war es angeblich auch, der das daraus resultierende Dilemma gleich im Nachsatz anfügte: „Ich weiß leider nur nicht, welchen der beiden Dollars ich sparen könnte".

Sie als Jungunternehmer werden manche Mark für Werbung ausgeben, die Ihnen keine Mark mehr Umsatz bringt. Die andere Mark freilich **macht Sie und Ihr Angebot bekannt und bringt Ihnen neue Kunden** beziehungsweise festigt bestehende Kundenbeziehungen.

Mit anderen Worten: Welches Geschäft Sie auch immer betreiben mögen – **an gezielter Werbung und Öffentlichkeitsarbeit kommen Sie nicht vorbei.** Auf den nachfolgenden Seiten haben wir für Sie einige grundsätzliche Tips zusammengetragen. Sie erfahren, auf welche Details Sie achten sollten, und wie Sie bares Geld sparen können. Jedes der angesprochenen Marketing-Instrumente erforderte – wollte man es ausführlich darstellen – ein separates Buch. Wir haben uns auf das Wesentliche beschränkt.

Unterschiedliche Werbeformen

Wer an Werbung denkt, dem kommen zunächst TV-Spots, Anzeigen und Plakate in den Sinn. Eine umfassende Kommunikationsstrategie sollte sich auf diese „klassischen" Elemente freilich nicht beschränken, vielmehr gilt es, ein Marketing-Mix mit unterschiedlichen Schwerpunkten zu komponieren. Setzen Sie also nicht Ihren gesamten Marketing-Etat auf eine Karte, indem Sie zum Beispiel grundsätzlich nur Anzeigen schalten, die Pressearbeit aber vernachlässigen. Folgende Kommunikationsmittel stehen zur Wahl:

• **Die „klassische" Werbung** (dazu gehören Anzeigen, TV- und Funkspots, Plakate, Kinowerbung und zunehmend Internetpräsenz).

- **Medienarbeit** (Kontakt zu Presse, Funk und Fernsehen, Öffentlichkeitsarbeit wie etwa Tage der offenen Tür usw.).
- **Sonderwerbeformen** (Sponsoring und Event-Marketing).

Natürlich wird ein Existenzgründer nicht gleich daran denken, als Sponsor des örtlichen Fußballvereins oder der Theaterfreunde aufzutreten, doch mittelfristig sollte er diese moderne und bei den meisten Kunden auf Wohlwollen stoßende Kommunikationsform durchaus in Betracht ziehen. Weshalb, erfahren Sie in diesem Kapitel.

Die Werbung planen

Werbung mag in starkem Maße von Spontaneität und Inspiration leben (und Sie sollten sich nicht scheuen, auch mal eine Idee „aus dem Bauch" umzusetzen), dennoch bedarf es gerade vor oder unmittelbar nach der Gründung eines Unternehmens einer sorgfältigen Planung. Sie müssen nicht nur überlegen, wieviel Geld Sie in Ihre Werbung und Öffentlichkeitsarbeit stecken wollen oder können, ebenso wichtig erscheint es, **exakt Ihre Zielgruppe zu definieren.**

Tip

Wichtige Vorüberlegungen zur Werbung gelten der verwendeten Geldmenge, der Zielgruppe der Werbung und der Botschaft, die Sie vermitteln möchten.

Wen wollen Sie mit Ihrer Werbung, Ihrem Rundfunkspot oder Ihrem Werbebrief eigentlich **ansprechen?** Welche **Botschaft** möchten Sie dieser Zielgruppe ganz konkret **vermitteln?** Diese Fragen sollten ganz am Anfang Ihrer Planungen stehen. Und nur Sie können Antworten geben – denn Sie kennen die Stärken Ihres Produkts oder Ihrer Dienstleistung, Sie wissen um deren Vorteile am Markt.

Fragen, die Sie sich stellen sollten

- Worin unterscheidet sich Ihr Produkt beziehungsweise Ihre Dienstleistungen von jenen der Konkurrenten? Wie lassen sich diese Alleinstellungsmerkmale (im Fachjargon USP – „Unique selling proposition" – genannt) in Ihrer Werbung und Öffentlichkeitsarbeit angemessen kommunizieren?

- Mit welchen Argumenten wirbt Ihre unmittelbare Konkurrenz? Wie können Sie sich davon abheben?
- Wo leben Ihre Kunden? Welche Medien sind geeignet, um Ihre Zielgruppe ohne größeren Streuverlust zu erreichen?
- Welche Botschaft möchten Sie Ihren Kunden vermitteln? Mit welchen Argumenten wollen Sie überzeugen?

Nur Kontinuität bringt den Erfolg

Wer wirbt, braucht einen langen Atem. Das gilt für alle Unternehmen, ganz gleich, wie lange sie am Markt sind. Eine einmalige Aktion verpufft in der Regel ohne Wirkung. Die alte Erkenntnis, wonach nur der stete Tropfen den Stein höhlt, gilt für alle Werbeaktivitäten – von der Anzeigenschaltung bis hin zu Sponsoring.

> Kleine und mittlere Unternehmen sollten etwa drei Prozent ihres Umsatzes in Werbemaßnahmen investieren. Unmittelbar nach Gründung der Firma ist aufgrund des mangelnden Bekanntheitsgrades sogar noch ein höherer Mitteleinsatz erforderlich. Faustregel: Kalkulieren Sie in den ersten Jahren zwischen fünf und sechs Prozent ein.

Es genügt jedoch nicht, lediglich für die aktuelle Werbung ein entsprechendes Budget einzuplanen. **Disponieren Sie langfristig**, das heißt, für die nächsten zwei bis drei Jahre im voraus. Legen Sie überdies fest, wo Sie bei den einzelnen Kommunikationsinstrumenten Ihren Schwerpunkt setzen wollen. Sparen Sie nicht am falschen Ende. Billigwerbung erweist sich im Endeffekt als Imagekiller. Sie erreichen das genaue Gegenteil dessen, was Sie an und für sich wünschen.

Um aber Ihre Werbemittel erfolgreich auf die einzelnen Kommunikationsinstrumente aufteilen zu können, sollten Sie sich die **Vor- und Nachteile der einzelnen Strategien vor Augen halten**.

Was spricht für welches Kommunikationsinstrument?

Werbeform	Vorteile	Geeignet für
„Klassische Werbung"	Breite Vielfalt an Möglichkeiten; Effekte auch bei geringerem Aufwand; relativ genaue Zielgruppenansprache; einfachere Erfolgskontrolle als bei den anderen beiden Kommunikationsinstrumenten.	Ansprache großer Zielgruppen, Erregung von Aufmerksamkeit, Bekanntmachung des Unternehmens und seiner produkte bzw. Dienstleistungen.
Medienarbeit	Positive Medienresonanz in der Regel glaubwürdiger als die „klassische Werbung". Unternehmen profitiert vom Vertrauensbonus, den die Redaktionen genießen.	Förderung des Bekanntheitsgrades des Unternehmens; Politur des Images; Profilierung der Firma als begehrter Ansprechpartner der Presse; nach außen demonstrierte Transparenz und Dialogbereitschaft des Unternehmens.
Sonderwerbeformen	Zukunftsträchtige Form der Kommunikation angesichts zunehmender gesetzlicher Restriktionen (Werbeverbote bzw. -einschränkungen). Sponsoring und Event-Marketing stoßen in der Regel auf größere gesellschaftliche Akzeptanz als die „klassische" Werbung. Auch lokal und regional einsetzbar; sehr gute Zielgruppenselektion.	Unternehmen, die ihr gesellschaftliches Verantwortungsbewußtsein dokumentieren wollen. Geeignet auch zur Korrektur eines überkommenen Unternehmensimages. Gefühlsbetonte Ergänzung des Marketing-Mix.

Die „klassische" Werbung

Betrachten wir uns im folgenden die einzelnen Kommunikationsinstrumente etwas genauer. Gerade junge Unternehmen, die in der Öffentlichkeit wenig bekannt sind, **sollten zunächst auf die „klassische" Werbung setzen und parallel dazu Medienarbeit betreiben.** Die potentiellen Kunden müssen von Ihnen und Ihrem Angebot erfahren. Diesem Ziel kommt höchste Priorität zu. Bekanntlich führen viele Wege nach Rom. Wir gehen daher nur auf die wichtigsten und für einen Existenzgründer geeignetesten Formen der konventionellen Werbung ein.

• **Werbung in Tageszeitungen/Anzeigenblättern:** Rekrutiert sich Ihr Kundenkreis aus dem regionalen oder lokalen Umfeld, kommen Sie an Anzeigenschaltungen in den entsprechenden Tageszeitungen meist nicht vorbei.

Vorteil: Sie erreichen einen großen Publikumskreis.
Nachteil: Der Streuverlust ist relativ hoch.

Darüber hinaus sollten Sie Ihren Anzeigenetat splitten. Das heißt, nicht die einmalige Anzeige über eine halbe Seite bringt nachhaltige Erfolge, sondern die regelmäßig erscheinenden kleineren Inserate. Wenn Sie Ihre Anzeige mehrmals hintereinander schalten, kommen Sie zudem in den Genuß eines Mengenrabatts.

Größere Aufmerksamkeit findet Ihre Anzeige, wenn sie im redaktionellen Umfeld – also zum Beispiel im Lokalteil – erscheint. Dies ist zwar erheblich teurer, dafür steigen aber die Chancen, daß Ihr Inserat den gewünschten Erfolg zeitigt. Anzeigen sollten überdies nach Möglichkeit auf einer rechten Seite plaziert werden, denn dorthin fällt der Blick des Lesers beim Umblättern zuerst. **Inserate in Anzeigenblättern** sind preiswerter, und zudem besteht häufig die Möglichkeit, sozusagen als Gratiszugabe noch einen kurzen redaktionellen Beitrag über Ihr Unternehmen zu bekom-

Anzeigen

Anzeigen sollten auf einer rechten Seite plaziert werden, denn dorthin fällt der Blick des Lesers beim Umblättern zuerst.

Tip

145

men. Anzeigenblätter werden vor allem von „Schnäppchenjägern" gelesen. Als Werbeträger für hochwertigere Produkte eignen sie sich daher kaum. Die Anzeige eines Drei-Sterne-Restaurants zum Beispiel wirkt in einem solchen Blatt deplaziert.

Um eine professionelle Anzeige zu gestalten, müssen Sie nicht unbedingt die teuren Dienste einer Agentur in Anspruch nehmen. Freie Werbetexter und Graphiker arbeiten in der Regel ebenso gut (bisweilen sogar besser), aber erheblich preiswerter. Später, wenn das Unternehmen eine detaillierte Media-Planung benötigt, erscheint die Zusammenarbeit mit einer Agentur unverzichtbar. In der Anfangsphase jedoch sollten Sie auf freie Mitarbeiter zurückgreifen und das gesparte Geld direkt in weitere Werbemaßnahmen investieren.

• **Funkwerbung:** Zahlreiche neue private Radiosender kamen in den vergangenen Jahren auf den Markt. Sie sind größtenteils regional ausgerichtet und mithin für entsprechende Werbung gut geeignet.

Radiospots lohnen sich, wenn das Unternehmen an den Endverbraucher verkauft, der Bekanntheitsgrad erhöht werden soll, der Spot mehrmals gesendet wird und das Profil der Hörer mit dem der Kunden weitgehend übereinstimmt. Der Spot muß außerdem zur passenden Zeit gesendet werden. Berufstätige erreichen Sie morgens beim Frühstück oder bei der Fahrt zur Arbeit, Hausfrauen und Mütter meistens vormittags, Kinder nachmittags. Zwischen sieben und acht Uhr morgens hören die meisten Leute Radio, anschließend fällt die Quote stetig. Ein weiterer Höhepunkt ist gegen 17 Uhr. Abends sitzen Ihre Kunden dann vor dem Fernseher.

Die besten Hörerquoten

Tip für Radiospots sind zwischen 7.00 und 8.00 und gegen 17.00 Uhr.

Die **Preise für Radiospots** orientieren sich an deren Dauer und der Sendezeit. Bei Antenne 1 für den Großraum Stuttgart zum Beispiel kostet ein 30-Sekunden-Spot an Werktagen zwischen 240 und 570 Mark (Stand: Anfang 1998). Wer mehrmals schaltet, erhält einen Rabatt. Einige Sender bieten **Komplettpakete für Ein-**

steiger an, zum Beispiel 20 Schaltungen von je 30 Sekunden inklusive Produktion für 4.500 Mark. Genaue Preise und Daten über Hörer und Programme erhalten Sie bei den jeweiligen Sendern. Die *Bauer Media Daten GmbH* bietet unter der Bezeichnung *„Basisdaten Funk"* einen Überblick über Reichweiten und Preise deutscher Privatsender im Überblick an (Bestellung unter der *Telefonnummer 06123/7000*).

> Bedenken Sie, daß nicht nur die Ausstrahlung eines Werbespots Geld kostet, sondern auch dessen Produktion. Für einen einfachen Spot ohne Musik müssen Sie mindestens 700 Mark Herstellungskosten kalkulieren, mit Musik sind es bereits 1.000 Mark. Wenn Dialoge und Sound-Effekte hinzukommen, sollten Sie mit 1.500 bis 2.000 Mark rechnen.

• **Kinowerbung**: Im Grunde ist dies eine hervorragende Möglichkeit, Ihre Werbebotschaft preiswert einer jüngeren Zielgruppe zu vermitteln. Die Werbespots kosten rund 500 Mark, Diawerbung ist wesentlich günstiger zu bekommen. Doch vergessen Sie nicht, daß Sie Ihren Werbespot auch produzieren und vervielfältigen lassen müssen. Der Erfolg der Kinowerbung hängt natürlich davon ab, wie stark die entsprechenden Lichtspielhäuser besucht werden.

• **Prospekte**: Mit dem Einsatz dieses Werbeträgers minimieren Sie Streuverluste. Ihre Botschaft **erreicht direkt die anvisierte Zielgruppe.** Der Erfolg einer solchen Werbeaktion hängt natürlich zunächst von der optischen Gestaltung der Prospekte ab

> **Prospekte**
>
> als Werbemittel minimieren Streuverluste. Die optische Gestaltung sollte professionell sein.
>
> **Tip**

(unbedingt professionelle Graphiker und Texter beauftragen!) sowie von der zuverlässigen Verteilung (Stichproben machen!).

Daneben sollten Sie – wo immer möglich – Ihre Prospekte auslegen. Sei es in einem Restaurant, in dem Sie Stammkunde sind, in Geschäften, gegebenenfalls in Schulen und Universitäten, in Arztpraxen und Krankenhäusern, befreundeten Geschäften, beim Tag der offenen Tür, bei einem Event – kurz: überall dort, wo sich Menschen treffen und (freiwillig oder unfreiwillig) verweilen.

147

- **Plakate:** Großformatige Plakate mit optischen Reizen und sprachlichem Witz stoßen auf Interesse – nicht nur an der Straßenbahnhaltestelle oder an der Litfaßsäule, sondern zum Beispiel auch an privaten Häuserwänden. Grundsätzlich gilt: Je größer die Stadt, desto höher die Kosten.

Möchten Sie nur lokale Werbung betreiben, empfiehlt es sich, kleinformatigere Plakate drucken und in Schaufenstern, an Türen, in parkenden Fahrzeugen usw. aushängen zu lassen. Apropos Auto: Daß Sie Ihren Wagen mit Ihrem Firmennamen schmücken, versteht sich von selbst. Besonders geeignet hierfür sind Magnetschilder, die sich jederzeit wieder spurenlos entfernen lassen.

- **Internet-Präsenz: Electronic Commerce** (E-commerce) **ist stark im Kommen.** Mehr und mehr werden die Kunden in den nächsten Jahren dazu übergehen, online zu bestellen und zu bezahlen. Auch wenn sich mit der eigenen Homepage im World Wide Web derzeit kaum Geld verdienen läßt, sollte heutzutage jedes Unternehmen mit überregionalem Kundenstamm im Internet vertreten sein. Übersichtliche Informationen über das Unternehmen sowie seine Produkte und Dienstleistungen dürfen dabei ebensowenig fehlen wie Ihre e-mail-Adresse.

Verzichten Sie bei der Gestaltung Ihrer Homepage auf überflüssigen Design-Schnickschnack, der nur die Ladezeiten unnötig verlängert und die Geduld der Nutzer strapaziert.

- **Werbebriefe (Mailings):** Auf diese Form der direkten Kundenansprache sollten Sie keinesfalls verzichten. Es gibt zahlreiche Unternehmen, die den größten Teil Ihres Umsatzes einfach durch professionelle Mailings erzielen.

Die Aussendung von Werbebriefen lohnt sich indessen nur, **wenn Sie über brauchbare Adressen verfügen.** Diese bekommen Sie zum einen aus der eigenen Kundenkartei, zum anderen von speziellen Firmen, die Adressen verkaufen, sowie von CD-Roms, die von Verlagen und anderen Anbietern vertrieben werden.

148

Nur die Adressen aus einer gepflegten Kundenkartei sind wirklich gut. Sie müssen Ihre Dateien also ständig auf dem laufenden halten. Die besten neuen Adressen bekommen Sie natürlich aufgrund von Empfehlungen Ihrer zufriedenen Kunden („Kunden werben Kunden"). Schreiben Sie also entsprechende Gewinnspiele aus (etwa nach dem Motto: „Ihre Empfehlung ist uns 100 DM wert").

Musterwerbebriefe

1. Beispiel: Herbst-Mailing eines Finanzdienstleisters

Haben Sie schon Ihre Ernte für 1998 eingefahren?

Guten Tag, Herr ....(Name),

wir fragen nicht, weil am ......(Datum) das Erntedankfest auf dem Kalender steht. Vielmehr möchten wir Sie darauf hinweisen, daß in wenigen Wochen ein Jahr zu Ende geht, für das Sie sich bestimmt wieder viel vorgenommen hatten.

Sind Sie mit Ihrer finanziellen Ernte zufrieden? War die Rendite ertragreich? Haben Sie wirklich keinen Pfennig mehr an Steuern gezahlt als unbedingt nötig? Reicht Ihre private Vorsorge für einen angenehmen Ruhestand wirklich aus?

Oder welken Ihre finanziellen Träume wie die herbstlichen Blätter an den Bäumen?

Dann sollten wir unbedingt in den nächsten Tagen miteinander sprechen. Bestimmt können wir auch Ihnen mit unseren individuellen Steuer-Spar-Modellen dabei helfen, Ihre wohlverdiente Ernte einzufahren.

Anruf genügt. Herr ...(Name), Telefon ...(Durchwahl), steht Ihnen gern mit Rat und Tat zur Seite.

Viele Grüße nach ...(Ort)

...(Unterschrift)
...(Name)

PS: Sie erreichen Ihren Berater auch am Wochenende – sogar am Erntedankfest. Seine Handy-Nummer:....(Telefonnummer).

2. Beispiel: Winter-Mailing für den Einzelhandel

Erlebnis-Shopping statt Frost-Frust

Sehr geehrter Herr ...(Name),

zunächst die schlechte Nachricht: Die Tage werden kürzer.

Und nun die gute: Die Abende werden länger. Und ab 1. Dezember auch unsere Einkaufszeiten.

Also: Warum kommen Sie nicht in aller Ruhe zu einem kleinen Einkaufsbummel bei uns vorbei? Sie haben dazu ausreichend Zeit (montags bis freitags jeweils bis 20. 30 Uhr, samstags bis 18 Uhr).

Wir laden Sie herzlich ein und garantieren Ihnen: Unsere Angebote hellen Ihre Stimmung auf, auch wenn's draußen trüb ausschaut. Was halten Sie zum Beispiel von folgenden „Schnäppchen": .....(Angebote).

Schluß also mit dem Frost-Frust. Gönnen Sie sich einen erlebnisreichen Winterabend in unserem Haus. Und vergleichen Sie unsere Preise. Sie werden sehen: Wir führen Sie nicht aufs Glatteis.

Winterliche Grüße von Haus zu Haus

...(Unterschrift)
...(Name)

PS: Auch für das Wintervergnügen Ihrer Kinder ist bestens gesorgt: bringen Sie sie einfach mit – und lassen Sie sich überraschen!

Für welche Form des werblichen Auftritts Sie sich auch entscheiden: Setzen Sie auf jeden Fall auf den Wiedererkennungs-Effekt. Unverzichtbar in diesem Zusammenhang ist ein einprägsames Firmenlogo, das nicht nur auf Ihren Plakaten und Prospekten erscheint, sondern natürlich auch auf dem Briefpapier Ihres Unternehmens.

Medienarbeit: Vom Umgang mit Journalisten

Eines vorab: Betrachten Sie Pressearbeit auf keinen Fall als „Unterabteilung" der Werbung, sondern als eine wichtige, selbständige Einheit.

Pressearbeit soll die Werbung ergänzen, nicht aber ersetzen. Gleiches gilt auch umgekehrt.

Doch kann sich ein kleines, gerade erst gegründetes Unternehmen überhaupt eine kontinuierliche Pressearbeit leisten? Durchaus – wenn Sie als Unternehmer selbst diese Aufgabe übernehmen oder eine Mitarbeiterin beziehungsweise einen Mitarbeiter damit beauftragen. Es muß nicht immer eine PR-Agentur eingeschaltet werden. In wirklich schwierigen Fällen können Sie dann immer noch projektbezogen externes Expertenwissen einkaufen.

Acht goldene Regeln für den Umgang mit Journalisten

1 Machen Sie dem Journalisten Hintergründe transparent. Klären Sie auf, ohne zu belehren, falls Sie feststellen, daß der Medienvertreter über bestimmte Sachverhalte nicht informiert ist. Widerstehen Sie auf jeden Fall der Versuchung, die Wissenslücke des Journalisten auszunutzen, um ihn in der Sache zu beeinflussen. Das könnte auf Dauer die Vertrauensbasis zerstören. **Information statt Manipulation muß stets oberste Devise bleiben.**

2 Der umgekehrte Fall: Der Journalist ist bestens informiert, stellt Fragen, die Sie aus dem Stegreif nicht beantworten können. **Versuchen Sie niemals, sich mit vagen Aussagen aus der Affäre zu ziehen.** Jedes Mißverständnis ist eine potentielle Falschmeldung. Sagen Sie vielmehr offen: „Pardon, aber da bin ich im Augenblick selbst überfragt. Ich lasse Ihnen die Statistiken sofort zusammenstellen und zufaxen".

3 Was ein Journalist schwarz auf weiß besitzt, kann er getrost in die Redaktion tragen. **Überreichen Sie der Redakteurin oder dem Redakteur Hintergrundmaterial** (höchstens vier oder fünf Seiten – keine Stapel). Diese Unterlagen sollten enthalten:

– Ein stichwortartiges Kurzporträt des neugegründeten Unternehmens,
– Ihre wichtigsten Argumente zum behandelten Thema, kurz zusammengefaßt, aufbereitet zum Zitieren,
– falls vorhanden, den einen oder anderen Beitrag, der über Ihr Unternehmen bereits erschienen ist (eventuelle Fehler korrigieren).

151

4 Es mag ja sein, daß es Ihnen tatsächlich darum geht, Fehlern vorzubeugen. Doch lassen Sie es trotzdem lieber: **Bestehen Sie nicht darauf, das Manuskript vor Veröffentlichung lesen zu wollen** (Ausnahme: Interviews). Das kratzt nicht nur an jeder Journalisten-Ehre, Sie selbst würden damit auch Ihre Unerfahrenheit im Umgang mit der Presse zu erkennen geben.

5 Journalisten sind sozusagen „kraft Amtes" skeptisch. Das gehört zu ihrem Beruf. **Auch wenn Ihnen die Medienvertreter noch so bohrende Fragen stellen, so hat dies nichts mit Mißtrauen oder gar Feindschaft zu tun.** Reagieren Sie also niemals gereizt auf provozierende Fragen.

6 Pflegen Sie einen sachlichen und unverkrampften Umgang mit Journalisten. **Arroganz sollten Sie ebenso vermeiden wie Servilität.** Beides macht Journalisten sofort skeptisch.

7 **Unbedingt Wort halten.** Wenn Sie einem Journalisten zugesagt haben, ihm die gewünschten Unterlagen schnellstens zuzuschicken oder ihn zurückzurufen, dann stellen Sie sicher, daß dies auch tatsächlich geschieht.

8 Tageszeitungs- und Rundfunkredakteure stehen oft unter Termindruck. Kommen Sie in Pressegesprächen daher schnell zur Sache. **Smalltalk ist nicht gefragt.** Letztlich profitieren beide Seiten von der Zeitersparnis. Kennen Sie den Journalisten gut, lassen sich die meisten Fragen ohnehin am Telefon beantworten.

So bauen Sie preiswert Ihren Presseverteiler auf:

Wichtig ist nicht nur die Frage, was sie zu sagen haben, **sondern wem Sie was zu sagen haben.** Auch kleine und mittlere Unternehmen sollten daher einen aktuellen, sinnvoll strukturierten Presseverteiler aufbauen. Gehen Sie dabei nach dem Prinzip der „vier Körbe" vor.

1. Korb: Er umfaßt **alle regionalen Tageszeitungen** Ihrer Stadt sowie nahegelegener Nachbarstädte, die auf dem Markt befindlichen An-

zeigenblätter, Stadtmagazine, regionale Rundfunkstationen, außerdem die Zeitschriften von IHK, Handwerkskammern und sonstiger Institutionen.

2. Korb: In ihm sollten Sie die **Namen und Adressen aller Fachpublikationen** sammeln. Sie werden erstaunt sein, welche Fülle von ganz speziell auf bestimmte Themen zugeschnittenen Zeitungen und Zeitschriften auf dem Printmedien-Markt vertreten ist.

3. Korb: Er ist für **die überregionalen Wirtschaftsmagazine, Wochenzeitungen sowie für Rundfunk- und Fernsehanstalten** gedacht. Hierzu zählen zum Beispiel die Süddeutsche Zeitung, die FAZ, das Handelsblatt, Capital, Impulse, ARD, ZDF, SAT 1, RTL usw. Als mittleres Unternehmen mit regionaler Bedeutung dürften Sie mit diesen Medien eher selten in Kontakt kommen. Dennoch sollten Sie die wichtigsten Adressen in Ihrem Verteiler haben.

4. Korb: Sein Inhalt läßt sich unter der Rubrik „**Sonstiges**" zusammenfassen. Hierzu gehören insbesondere Redaktionsbüros, mit denen Sie schon in Kontakt standen, freie Journalisten, Vereinszeitschriften, Online-Dienste usw.

Die Einteilung in Körbe erlaubt es Ihnen, je nach Ausstrahlungskraft Ihrer Pressemitteilung entweder einen (teuren) großen Verteiler zu wählen – etwa die Körbe 1 bis 4 – oder aber einen (preiswerten) kleinen. Wird zu einem Tag der offenen Tür in Ihrem Betrieb eingeladen oder spendet das Unternehmen dem örtlichen Kinderheim, so bedient man sich der Adressen im ersten Korb. Haben Sie aber zum Beispiel als Unternehmer aus den östlichen Bundesländern eine in wirtschaftliche Schwierigkeiten geratene Firma im Westen gekauft, dann wäre eine solche Nachricht so ungewöhnlich, daß Sie alle in den Körben 1 bis 4 enthaltenen Redaktionen informieren sollten.

An die Adressen von Journalisten kommen Sie über einschlägige Handbücher. Zu nennen wären in diesem Zusammenhang vor allem folgende Werke:

- *Stamm Presse- und Medienhandbuch, Stamm-Verlag GmbH, Essen, Tel.: 0201/843000*
- *Presse Taschenbücher (nach Branchen aufgeteilt), Bema Buchvertrieb, Seefeld, Tel.: 08152/980824.*

153

Wie Sie Ihre Pressemitteilung schreiben sollten

Hätten Sie's gewußt...? Pressemitteilungen zählen für Journalisten zu den wichtigsten Informationsquellen. Das ergab eine 1993 veröffentlichte Umfrage unter Fachredakteuren. In der Reihenfolge der am häufigsten genutzten Informationsquellen belegten Pressemitteilungen immerhin Rang drei. Daran hat sich seither nichts geändert. Auf der anderen Seite landen die meisten Pressetexte im Papierkorb der Redaktion. Für dieses traurige Schicksal Ihrer PR-Arbeit gibt es drei mögliche Gründe.
- Die tägliche Papierflut in den Redaktionen,
- eine unprofessionelle Aufmachung der Pressemitteilung,
- uninteressante Themen.

Damit Ihrer Pressemitteilung ein solches Schicksal nicht widerfährt, **hier die zehn wichtigsten Praxistips für eine gelungene Pressemitteilung:**

1. Ihr Text muß allgemein interessieren. Jeder Redakteur fragt sich vor der Veröffentlichung eines Beitrags: „Was bringt das dem Leser?". Diese Frage sollten Sie beantworten können.
2. Ihr Text muß aktuell sein. Wenn Sie etwas zu sagen haben, dann fassen Sie Ihre Pressemitteilung so schnell wie möglich ab.
3. Vermeiden Sie einen allzu penetranten Werbestil. Erwähnen Sie Ihr Unternehmen nicht in jedem zweiten Satz.
4. Ihre Pressemitteilung muß umfassend sein. Alle relevanten Fakten gehören hinein. Zahlen und Daten noch einmal genau auf den aktuellen Stand hin überprüfen.
5. Ihr Manuskript muß professionell aussehen. Schreiben Sie mit eineinhalbzeiligem Abstand und mit breitem Rand links und rechts vom Text. Faustregel für Zeitungen und Zeitschriften: maximal 40 Anschläge pro Zeile, maximal 30 Zeilen pro Seite.
6. Klären Sie Ihre Leser (und dazu gehört zunächst einmal der betreffende Redakteur) auf. Mit einer Veröffentlichung in der Tageszeitung erreichen Sie eine so heterogene Zielgruppe, daß Sie nichts als bekannt voraussetzen dürfen. Prüfen Sie Ihren Text nach der klassischen „4-W-Methode": Wer? Wann? Was? Wo? Auf all diese Fragen muß Ihre Pressemitteilung eine Antwort geben.

7. Versuchen Sie, journalistisch zu formulieren. Das Wichtigste gehört an den Anfang. Ein Pressetext ist weder eine Hausmitteilung noch ein Geschäftsbrief.

8. Schreiben Sie so anschaulich wie möglich. Keine abstrakten Formulierungen. Wählen Sie Vergleiche, um schwierige Zusammenhänge zu verdeutlichen.

9. Vermeiden Sie Abkürzungen, Unterstreichungen oder versal (in Großbuchstaben) geschriebene Wörter, es sei denn, es handelt sich um gebräuchliche Kürzel, wie etwa CDU, DGB, IHK usw.

10. Nennen Sie am Ende Ihrer Pressemitteilung stets einen Ansprechpartner (mit Telefon-Durchwahl, Fax, e-Mail usw.), der bei Rückfragen zur Verfügung steht.

Sonderwerbeformen: Sponsoring und Event-Marketing

Aus Gründen der Vollständigkeit seien an dieser Stelle auch noch die Sonderformen der Werbung erwähnt, die allerdings für einen Existenzgründer zunächst keine größere Rolle spielen dürften. Für ihn kommt es primär darauf an, sein Unternehmen und seine Angebote publik zu machen, und das erreicht er am besten mit den Methoden der „klassischen" Werbung und der Medienarbeit.

Ist das Unternehmen allerdings erst einmal am Markt etabliert, können sich **Sponsoring und Event-Marketing** als hervorragende Instrumente erweisen, um das Image der Firma aufzupolieren und die angebotenen Produkte und Dienstleistungen in einem als sympathisch und angenehm empfundenen Umfeld zu präsentieren.

Beim **Sponsoring** unterstützt das Unternehmen **sportliche, kulturelle, soziale oder ökologische Aktivitäten** und kommuniziert diese Hilfe. Das heißt, das Engagement des Sponsors wird öffentlichkeitswirksam dargestellt.

Event-Marketing wiederum macht Werbung zum Erlebnis. Die Produkte oder Dienstleistungen werden in einem spannenden, ereignisreichen und unterhaltsamen Umfeld präsentiert. Der Event-Veranstalter baut gleichsam emotionale Brücken zu seinen Kunden. Ein Event richtet sich im Idealfall an alle Sinne des Menschen. Er baut auf, schafft Sympathien und sorgt so für ein gutes Klima bei späteren Verkaufsgesprächen. Sponsoring und Event-Marketing sind durchaus auch im kleinen Rahmen auf lokaler Ebene ab einem Mitteleinsatz von etwa 10.000 DM möglich.

Langfristig sprechen zumindest **drei Gründe für diese Sonderwerbeformen:**

- Produkte und Dienstleistungen werden immer ähnlicher. Das Unternehmen muß ein Sympathiegeflecht zu seinen Kunden aufbauen, um sie langfristig zu halten.
- Die „klassische" Werbung steht in Gefahr, Opfer ihrer eigenen Penetranz zu werden (Beispiel: Werbeunterbrechungen im Fernsehen).
- Für bestimmte Produkte dürfte auch in Zukunft mit Werbeverboten oder zumindest Einschränkungen zu rechnen sein. Sponsoring und Event-Marketing können sich dann als sinnvoller Ausweg erweisen.

Auf einen Blick

- Als Existenzgründer müssen Sie Ihr Unternehmen und Ihr Angebot zunächst bekanntmachen. Kalkulieren Sie ausreichende Mittel für Werbung und Öffentlichkeitsarbeit ein.
- Um die erwünschten Effekte zu erzielen, müssen Sie kontinuierlich werben.
- Bestimmen Sie zunächst die Zielgruppe, die Sie mit Ihren Werbeaktivitäten erreichen möchten.
- Formulieren Sie die Botschaft, die Sie dieser Zielgruppe vermitteln wollen.
- „Klassische Werbung", Medienarbeit und Sonderwerbeformen stehen nicht alternativ zueinander. Sie ergänzen sich vielmehr.
- Nach der Existenzgründung muß der Unternehmer zunächst auf die konventionellen Werbeformen setzen, später kommen auch Sonderwerbeformen in Betracht.
- In der Anfangsphase kann auf die Zusammenarbeit mit einer Werbeagentur in der Regel verzichtet werden. Greifen Sie auf freie Texter und Graphiker zurück.

- Für Direktwerbung gilt: Gute Adressen sind bares Geld wert.
- Betreiben Sie unbedingt eine kontinuierliche Pressearbeit; suchen Sie die Nähe zu den Medienvertretern. Melden Sie sich, wenn Sie glauben, eine interessante „Geschichte" zu haben.

Existenzgründung in der Praxis

Sozusagen als motivierenden Schlußakkord stellen wir Ihnen im letzten Kapitel **Existenzgründer** vor, **die es geschafft haben.** Bei manchen mag es noch nicht optimal laufen, aber die ersten Hürden sind genommen und die Zukunftsaussichten nehmen sich keineswegs schlecht aus. Darüber hinaus zeigen unsere Beispiele, wie es mit der Förderung und Finanzierung in der Praxis tatsächlich aussieht, wo Probleme auftauchen, wie sie bewältigt werden können und wo Theorie und Praxis mitunter auseinander klaffen. Das Fazit der nachfolgend vorgestellten Existenzgründer ist, daß es ohne eine solide Finanzierung so gut wie unmöglich ist, sich selbständig zu machen. Um aber eine Finanzierung unter Dach und Fach zu bringen, muß der angehende Existenzgründer nachweisen, daß seine Idee sowie sein Unternehmenskonzept stimmig sind.

Lassen Sie sich nicht entmutigen, wenn die Hausbank nicht gleich mitspielt und verfallen Sie nicht in den Irrtum, zu denken, die Bank sei zu schwerfällig. **Versuchen Sie es bei verschiedenen Banken und arbeiten Sie beständig an Ihrem Unternehmenskonzept.** Gehen Sie auf die Bedenken der Banker ein und feilen Sie Ihr Konzept entsprechend aus.

Bedenken Sie: Großbanken sind an Existenzgründern häufig gar nicht interessiert. Dieses Terrain überlassen sie gern den öffentlich-rechtlichen Sparkassen sowie den genossenschaftlichen Volksbanken und Raiffeisenbanken.

Diese dezentral strukturierten Institute kommen mit der Unterstützung von zukunftsträchtigen Existenzgründungen auch ihrem **regionalen Förderauftrag** nach.

Mit Strickmaschine und Computer

Silvia Grosse ist gelernte Bauzeichnerin, doch ihr Traumberuf war es nicht. Es kam, wie es kommen mußte: Nach sieben Jahren kündigte sie und suchte sich einen Job im Bereich Innenarchitektur. Silvia Grosse hat ein Auge für Formen und Farben, und hoffte, diese Fähigkeit an ihrer neuen Arbeitsstelle einsetzen zu können. Nach nicht einmal einem Jahr zerbrach diese Illusion, denn bei ihrem Chef waren eigene Ideen nicht gefragt. Nach einem mißglückten Versuch, sich mit Wohnaccessoires selbständig zu machen, widmete sich Silvia Grosse acht Jahre lang ihrer Tochter.

Keine Chance auf dem Arbeitsmarkt

Als Silvia Grosse wieder arbeiten wollte, mußte sie als erstes entdecken, **daß Halbtagskräfte nicht sehr gefragt waren.** Das Arbeitsamt konnte nicht weiterhelfen und bot ihr schließlich **Kurse zur Berufsaktualisierung** an. Dabei lernte sie auch den Umgang mit CAD-Programmen (computerunterstütztes Design).

Silvia Grosse zwang sich, in neuen Bahnen zu denken. Sie hatte den Willen, wieder zu arbeiten, konnte sich aber nicht vorstellen, in welcher Form. Die Idee zur Selbständigkeit war schließlich die Verbindung eines alten Hobbys mit den neu erworbenen CAD-Kenntnissen. Silvia Grosse begann nach Entwürfen am Computer mit einer Strickmaschine individuelle Strickwaren anzufertigen.

Fit durch Existenzgründerseminar

Den letzten Anstoß zum Sprung in die Selbständigkeit gab **ein 14tägiges Existenzgründerseminar des Arbeitsamtes,** an dem sie teilnahm. „Die etwa 25 Teilnehmer entwickelten große Aktivität. Von der Seminarleiterin wurden wir regelrecht aufgebaut und vorwärtsgetrieben. Vor allem lernte ich, was Selbständigkeit bedeutet: Verantwortung, Disziplin, Organisation, ein Unternehmenskonzept usw." sagt Silvia Grosse heute im Rückblick.
Zwei Monate nach dem Seminar gelang es ihr, in Stuttgart in der Nähe ihrer Wohnung Ladenräume anzumieten, die sie selbst renovierte. Weil Silvia Grosse hauptsächlich Auftragsarbeiten übernimmt, bleibt das Risiko, zum Beispiel im Bereich der Vorratshaltung, kalkulierbar. Sie arbeitet nach eigenen und Kundenentwürfen. Mittlerweile hatte sie

sogar schon Aufträge des Württembergischen Staatstheaters, für das sie für eine Aufführung silberne Kettenhemden herstellte.

Silvia Grosse **führt ihren Erfolg im wesentlichen auf zwei Dinge zurück:**
1. Sie steht hinter ihrem Laden, ihrer Arbeit, ihren Entwürfen. Das merken die Kunden und honorieren es durch Aufträge.
2. Sie hat gelernt, ihre Zeit effektiv zu nützen und den Wert von Organisation und Disziplin erkannt. Das Existenzgründerseminar hat ihr dafür die entscheidenden Grundlagen vermittelt.

Hilfen zur Finanzierung, Überbrückungsgeld oder sonstige öffentliche Unterstützung hat Silvia Grosse für ihr Projekt nicht erhalten. Die Mittel, die sie benötigte, mußte sie sich privat beschaffen. Ihr Rat an Existenzgründer: „Man sollte sich nicht auf den Staat verlassen. Wer selbständig werden will, muß es letztlich aus eigener Kraft schaffen, eigenständig denken, Selbstvertrauen haben, bereit sein, Verantwortung zu tragen und einen langen Atem haben." Wichtig wäre für sie eine Art „**Unternehmer-Coaching**", eine Begleitung, die der jungen Unternehmerin dabei hilft, die ersten drei Jahre zu überstehen.

Frau Grosse ist prinzipiell richtig vorgegangen. Sie hat an einer ausführlichen Existenzgründerschulung teilgenommen und ihr Geschäft durch die Auftragsarbeit in einem finanziell überschaubaren Rahmen aufgebaut. Das von ihr gewünschte „Unternehmer-Coaching" gibt es bereits in verschiedenen Formen, zum Beispiel über das Projekt „Senioren helfen Junioren". Außerdem veranstalten auch die IHKs Seminare, in denen sie dem Existenzgründer Hilfestellung für die Stabilisierung des neuen Unternehmens geben.

Einkaufen für Allergiker

Der Einzelhandelskaufmann Gerhard Ostwald aus Recklinghausen ist seit 1994 im EDV-Dienstleistungsbereich selbständig. Er führt EDV-Schulungen durch und verdient dabei sehr gut. Mit einer neuen Geschäftsidee möchte sich Gerhard Ostwald ein zweites Mal selbständig machen. Gerhard Ostwald ist Allergiker und Neurodermitiker, und hat deshalb mitunter große Probleme, Nahrungsmittel und sonstige Gebrauchsgegenstände zu beschaffen, die er verträgt. Das geht so weit, daß er sich bestimmte Nahrungsmittel in anderen Städten bestellen muß.

Aus der eigenen Erfahrung und angesichts einer steigenden Zahl von Allergikern wurde die Idee geboren, **ein Spezialge-schäft für Allergiker einzurichten.** Unter einem Dach sollen Nahrungsmittel, Drogerie- und Kosmetikartikel sowie Elektrogeräte (zum Beispiel ein Staubsauger, der Hausstaubmilben wirklich entfernt und nicht wieder in die Wohnung bläst) verkauft werden. Auch ein Restaurant soll angegliedert werden. Angesichts der Größe und Art des Projekts wird Gerhard Ostwald damit sogar qualifizierte Arbeitsplätze schaffen. Im Restaurant sollen zum Beispiel Diätassistenten beschäftigt werden. Der hohe Beratungsbedarf der Kunden verlangt auch im Verkauf Fachkräfte.

Hürde Finanzierung

Mit seiner Idee stößt Ostwald überall auf Begeisterung. Ein geeignetes Haus mit 800 Quadratmeter Verkaufsfläche hat er bereits in Aussicht. Allerdings ist die Finanzierung des Projekts noch nicht abgeschlossen. Gerhard Ostwald kann außer seinem sehr guten Einkommen keine Sicherheiten bieten, wie zum Beispiel Grundbesitz. Darüber hinaus wird ihm die Neuheit seiner Idee zum Stolperstein: **Die Banken verlangen Vergleichszahlen von ähnlichen Unternehmen,** aber da es keine Konkurrenz gibt, fehlen auch Vergleichszahlen.

Gute Erfahrungen hat Gerhard Ostwald **mit der Beratung durch die Sparkassen** gemacht. Dort hat man ihn umfassend darüber informiert, wo es Subventionen, Fördergelder und sonstige Starthilfen gibt. Demnach kann er Mittel aus einem „Chancenkapitalfonds" der Sparkassen bekommen, öffentliche Fördermittel und Geld vom Arbeitsamt, sofern er Langzeitarbeitslose einstellt. Der Jungunternehmer hofft, die Finanzierung mit Hilfe der Sparkassen auf die Beine stellen zu können.

Sein Fazit: „Der ungeheure bürokratische Aufwand und die Probleme mit den Banken sind echte Stolpersteine auf dem Weg in die Selbständigkeit. Hier gibt es einen großen Widerspruch: Einerseits fordert der Staat Mut zum Risiko, andererseits wird es den Mutigen und Risikobereiten durch die Banken so schwer wie möglich gemacht."

Es stimmt, daß der bürokratische Aufwand für die Gründung und Finanzierung eines Unternehmens hoch ist. Für manchen erweisen sich die Hürden sogar als zu hoch. Trotzdem sollten Sie den Banken Vorsicht zugestehen. Sie – und übrigens auch der Staat – verwalten das Geld ihrer Kunden bzw. der Bürger und sind deshalb verpflichtet, sich abzusichern und zu vergewissern, daß das Unternehmen eine reelle Chance hat und das Geld zurückgezahlt werden kann.

Mobile Kfz-Werkstatt

Die beiden Münchner Detlef Reichelt und Wolfgang Winter trieb nach 15 Jahren Berufstätigkeit der Wunsch nach Unabhängigkeit in die Selbständigkeit. Hinzu kam, daß ihre Arbeitsplätze nicht mehr sehr sicher schienen.

Naheliegend war für die beiden Kfz-Mechaniker eine Reparaturwerkstatt. Um sich von anderen Betrieben abzuheben und dem Kunden eine echte Dienstleistung anzubieten, gründeten die beiden eine mobile Werkstatt. Das heißt, das Auto wird in der Garage oder vor der Haustür des Kunden repariert. Stehen größere Reparaturen an, wird das Auto in die Werkstatt des Duos transportiert und auch wieder zurück gebracht.

Abgesehen von den strengen Auflagen für den eigentlichen Betrieb und der aufwendigen Suche nach einem geeigneten Objekt, bereitete die Finanzierung die größten Probleme.

Ohne Bank keine Fördermittel

Detlef Reichelt und Wolfgang Winter konnten ihrer Hausbank außer ihrer Idee und dem Willen zum Einsatz keine Sicherheiten bieten. Tatkraft und Ideenreichtum mochte die Bank nicht fördern. Ohne die Unterstützung der Hausbank konnten jedoch auch keine Anträge auf öffentliche Fördermittel gestellt werden. Die Vergabe von öffentlichen Geldern muß immer über eine Bank laufen, die Anträge der Kreditnehmer müssen von der Bank unterstützt werden. Die beiden Münchner konnten ihre Firma MAS Mobiler Auto Service letztlich nur mit

Hilfe von Freunden und Bekannten sowie einem kleinen Darlehen einer zweiten Bank eröffnen.

Viele praktische Tips, die ihnen bereits im Vorfeld der Unternehmensgründung halfen, Fehler zu vermeiden, erhielten Detlef Reichelt und Wolfgang Winter **auf einem Existenzgründerseminar der IHK München.** Kritisch sehen die beiden jedoch die Information über öffentliche Fördermittel: „Viele der Seminarteilnehmer wurden regelrecht euphorisch, als sie hörten, welche finanziellen Hilfen sie in Anspruch nehmen können. Die Praxis ist dann jedoch ernüchternd – man kommt an das Geld kaum heran."

Fazit der beiden jungen Unternehmer: „Eine Existenzgründung ist nicht einfach. Immer wieder tauchen Schwierigkeiten auf, mit denen man überhaupt nicht rechnet. Geregelte Arbeitszeiten gibt es nicht. Der Lebensablauf, nicht nur für den Unternehmer, sondern auch für Familie oder Partner, ändert sich komplett. Samstag, Sonntag oder die Nacht werden häufig zum Arbeitstag. Dabei muß das Umfeld natürlich mitspielen." Und mitunter finden es beide nicht einfach, durchzuhalten.

Das Projekt Mobiler Auto Service ist aus Sicht der Banken vermutlich in sich etwas kritisch. Prinzipiell ist es eine gute Idee, den Kunden einen Extra-Service anzubieten. Es ergeben sich jedoch zwei Fragen: Wie viele Kunden sind willens, für diesen Service mehr Geld auszugeben? Kostet der Service nicht mehr als eine normale Reparatur in der Werkstatt, wie finanzieren die Gründer ihre eigenen zusätzlichen Kosten und bleibt dann genug Gewinn in der Kasse? Möglicherweise ist es den Gründern nicht gelungen, ihre Kalkulation in einem Finanzplan transparent darzustellen. In einem solchen Fall empfiehlt es sich, die Dienste eines Unternehmens- oder Steuerberaters in Anspruch zu nehmen. Allein an den mangelnden Sicherheiten macht sich eine Ablehnung der Banken meist nicht fest.

Kaufhaus im Internet

Seit Juni 1997 gibt es in Stuttgart die Firma Aeon Virtual Shopping Services GmbH. Das Unternehmen basiert auf zwei Geschäftsfeldern.

 Die ursprüngliche Idee ist das virtuelle Kaufhaus im Internet. Die Betreiber vermieten darin Ladenflächen an Geschäfte. Auf dem Markt gab es keine Software, die den Ansprüchen der Aeon-Leute genügte. Deshalb mußten sie die benötigte Software selbst entwickeln und erstellen. Damit war das zweite Geschäftsfeld geboren: Mittlerweile ist Aeon Spezialist für integrierte electronic commerce software, das heißt, für Software, die dazu benötigt wird, den Handel im Internet durchzuführen. Dazu gehören Bestelloberflächen ebenso wie die Anbindung von Warenwirtschaftssystemen und vieles mehr.

Der Vorteil: Durch das Kaufhaus besteht eine enge Zusammenarbeit mit den Kunden. Der Informationsrücklauf ist schnell, Aeon kann direkt auf Kundenwünsche eingehen und mit entsprechender Software reagieren.

Harte Konkurrenz

Die Aeon Virtual Shopping Services GmbH hat vier Hauptgesellschafter, die aus verschiedenen Berufsfeldern kommen. Zwei von ihnen sind Michael Mildenberger und Kai Borchers. Michael Mildenberger hatte die Idee für das virtuelle Kaufhaus und ist heute Geschäftsführer der GmbH. Er und Kai Borchers waren beide unzufrieden mit ihrem Dasein als Angestellte und verwirklichten deshalb gemeinsam die Vision einer eigenen Firma. Sie wollten eigene Ideen durchsetzen, Entscheidungsfreiheit haben und in einem guten Betriebsklima arbeiten. Es war ihnen klar, daß sie zur Verwirklichung ihrer Vision mehr brauchen würden, vor allem Durchhaltevermögen und eine entsprechende Finanzierung ihrer Idee.

Aeon ist in einem Bereich tätig, **in dem die Konkurrenz groß** und manchmal übermächtig sein kann, wie zum Beispiel durch Microsoft oder Versandhäuser wie Neckermann. Michael Mildenberger und Kai Borchers wußten, daß sie mit öffentlichen Mitteln nicht sehr weit kommen würden. Um ihrer Konkurrenz voraus zu sein, benötigen sie einen finanzstarken Partner für ihr Unternehmen oder Risikokapital. Neben eigenen Mitteln erhielten sie einen Kredit von einer großen regionalen Bank, die sie von ihrer Geschäftsidee überzeugen konnten. Aus der Teilnahme an einem Businessplan-Wettbewerb ergaben sich Kontakte zu einem großen Konzern, der möglicherweise als Geldgeber einsteigen wird. Er ermöglichte ihnen bereits einen Informationsbesuch in Silicon Valley, USA.

Wie geht's weiter?

Die Firmengründer gehen davon aus, daß sie mittlerweile sozusagen am Fuß der Erfolgsleiter stehen. Der weitere Weg wird entscheidend davon abhängig sein, ob es ihnen gelingt, **ausreichend Kapital aufzutreiben**. Außerdem, so die jungen Unternehmer, sei die Existenzgründung ein Prozeß, der noch lange nicht abgeschlossen sei. Grundfrage für sie sei das „**Finden des Focus**". Damit meinen sie die Lösung der Kernfrage „Wo will ich als Unternehmer hin?", eine Frage, deren Beantwortung entscheidend für Erfolg oder Mißerfolg des Unternehmens sein wird.

Die Frage „Wo will ich als Unternehmer hin?" ist tatsächlich eine der Kernfragen für den Erfolg eines jungen Unternehmens. Marketing- und Vertriebsstrategien sowie eine langfristige finanzielle Planung sind entscheidend von der Beantwortung dieser Frage abhängig. Ein Unternehmer sollte niemals kurzfristig denken, planen und handeln. Gerade Risikokapital- oder Beteiligungsgesellschaften prüfen sehr genau, ob das Unternehmen eine langfristige Perspektive hat. Und sie investieren nur in die Besten.

Selbständig mit e-mails

Margaret Burden aus Erkrath ist Fachfrau für Marketing und Kommunikation. Sie arbeitete 20 Jahre lang in einer großen internationalen Werbeagentur. Nach Differenzen mit ihrem Arbeitgeber schied sie aus der Firma aus und stand nun vor der Frage, wie sie ihre weitere berufliche Zukunft gestalten sollte. Schnell war ihr klar, daß sie nicht übergangslos in den nächsten Job einsteigen wollte. Hinzu kam der Wunsch nach Weiterbildung. Sie beschäftigte sich intensiv mit den neuen Medien und den Möglichkeiten, die das Internet bietet. Daraus entwickelte sie ihre eigene Geschäftsidee. Sie empfängt, bearbeitet und beantwortet e-mails für ihre Auftraggeber, meist Unternehmen.

Existenzgründung im Alleingang

Der Schritt in die Selbständigkeit erfolgte nicht sehr geplant, sondern ergab sich aus der Weiterbildung. Das Wie der Existenzgründung eignete sich Margaret Burden zu 95 Prozent durch eigene Recherche an. Sie nahm lediglich an einem **Informationsabend der IHK Düsseldorf** teil, an dem die Wirtschaftsjunioren, eine Vereinigung von jungen Existenzgründern, interessierte Unternehmer in spe berieten.

Beratungsbedarf bestand für Margaret Burden zum Beispiel **bei der Rechtsform**, die sie ihrer Firma geben sollte. Die betriebswirtschaftliche Seite der Planung fiel ihr durch ihre Ausbildung und Berufspraxis relativ leicht. Die Finanzierung des Projekts erwies sich als problemlos. Margaret Burden hatte genug Eigenkapital und Sicherheiten, so daß ihre Hausbank keinen Grund sah, ihr einen Kredit zu verweigern. Öffentliche Mittel nahm sie nicht in Anspruch.

Kein Verkäufer-Typ

Abgesehen von geringfügigen Problemen, wie zum Beispiel der Versicherungsfrage für ihr Unternehmen, ist die größte Schwierigkeit für Margaret Burden die Kundenakquisition: „Meine Stärken liegen in der Konzeption. Ich kann die tollsten Pläne und Ideen von A bis Z erarbeiten und umsetzen. Es fällt mir jedoch sehr schwer, Kunden zu akquirieren, zu halten, also ständig am Ball zu bleiben. Deshalb komme ich nicht so schnell voran, wie ich es mir wünschen würde."

Da Margaret Burden um ihre Schwäche wußte, sollte das Unternehmen ursprünglich mit einem Partner zusammen gegründet werden, der für die Kundenakquisition zuständig gewesen wäre, doch der Partner bekam im letzten Augenblick Angst vor dem finanziellen Risiko und sprang ab.

Fazit von Margaret Burden: „Selbst wenn alles stimmt, bleibt der Unternehmer selbst ein Risiko. Man sollte sich unbedingt über seine Stärken und Schwächen klar werden und sie von Anfang an in die Unternehmensplanung einbeziehen."

Frau Burden muß sich entweder damit abfinden, aufgrund ihrer eigenen Schwäche mit ihrem Unternehmen an relativ enge Grenzen zu stoßen, oder sie muß sich in den Bereichen, in denen sie Schwächen hat, weiterbilden. Eine andere Möglichkeit – eventuell die bessere – ist es, für dieses Arbeitsfeld eine Fachkraft einzustellen bzw. doch noch einen Teilhaber zu suchen. In diesem Fall sollte sie jedoch im Vorfeld ausrechnen, ob das Unternehmen eine weitere Person verkraften kann bzw. ob die Geschäftsidee tatsächlich das Potential hat, die es braucht, den Umsatz entsprechend zu erhöhen. Eine erneute Markt- und Kundenanalyse hilft dabei.

Gesamtstichwortverzeichnis